Katharina Fobes / Alexandra Leuchter /
Stephanie Müller / Barbara Quadflieg

Bergedorfer® Grundschulpraxis

Deutsch

3. Klasse

Band 2

Gedruckt auf umweltbewusst gefertigtem, chlorfrei gebleichtem
und alterungsbeständigem Papier.

1. Auflage. 2005
© by Persen Verlag GmbH, Horneburg
Alle Rechte vorbehalten.
Das Werk und seine Teile sind urheberrechtlich geschützt. Jede Nutzung in anderen als den gesetzlich
zugelassenen Fällen bedarf der vorherigen schriftlichen Einwilligung des Verlages. Hinweis zu § 52 a UrhG:
Weder das Werk noch seine Teile dürfen ohne eine solche Einwilligung eingescannt und in ein Netzwerk
eingestellt werden. Dies gilt auch für Intranets von Schulen und sonstigen Bildungseinrichtungen.
Illustrationen: Stefan Lohr
Gesamtherstellung: Ludwig Auer GmbH, Donauwörth
ISBN 3-8344-**3937**-1

INHALTSVERZEICHNIS

1 **Konzeption und Aufbau des Bandes** 5

2 **Hinweise zum Überarbeiten von Texten** 8

3 **Unterrichtsreihen** 10

    1. Unterrichtsreihe:
    Auf Entdeckungsreise im Märchenland 12
Überblick: Stundenumfang, Ziele und Aufbau der Unterrichtsreihe 12
Didaktischer Kommentar 13
8 Bausteine der Unterrichtsreihe 13
Möglichkeiten der Lernerfolgskontrolle 18
Kommentierte Literaturhinweise 18
Kopiervorlagen 19

    2. Unterrichtsreihe:
    Unterwegs im Straßenverkehr 38
Überblick: Stundenumfang, Ziele und Aufbau der Unterrichtsreihe 38
Didaktischer Kommentar 38
8 Bausteine der Unterrichtsreihe 39
Möglichkeiten der Lernerfolgskontrolle 43
Kommentierte Literaturhinweise 43
Kopiervorlagen 44

    3. Unterrichtsreihe:
    Früher und heute 54
Überblick: Stundenumfang, Ziele und Aufbau der Unterrichtsreihe 54
Didaktischer Kommentar 55
11 Bausteine der Unterrichtsreihe 55
Möglichkeiten der Lernerfolgskontrolle 62
Kommentierte Literaturhinweise 62
Kopiervorlagen 63

    4. Unterrichtsreihe:
    Tiere im Zoo 77
Überblick: Stundenumfang, Ziele und Aufbau der Unterrichtsreihe 77
Didaktischer Kommentar 77
7 Bausteine der Unterrichtsreihe 78
Möglichkeiten der Lernerfolgskontrolle 84
Kommentierte Literaturhinweise 84
Kopiervorlagen 86

5. Unterrichtsreihe:
Wasser ist Leben 101
Überblick: Stundenumfang, Ziele und Aufbau der Unterrichtsreihe 101
Didaktischer Kommentar 102
9 Bausteine der Unterrichtsreihe 102
Möglichkeiten der Lernerfolgskontrolle 110
Kommentierte Literaturhinweise 110
Kopiervorlagen 113

6. Unterrichtsreihe:
Bei den Indianern 126
Überblick: Stundenumfang, Ziele und Aufbau der Unterrichtsreihe 126
Didaktischer Kommentar 126
9 Bausteine der Unterrichtsreihe 127
Möglichkeiten der Lernerfolgskontrolle 132
Kommentierte Literaturhinweise 132
Kopiervorlagen 133

7. Materialien zu Festen und Jahreszeiten 148
Frühling 149
Sommer 152

4 Lernwörter 155

5 Schmuckrahmen 156

6 Übersicht über die Ziele der Unterrichtsreihen 158

7 Quellenangaben 160

1 Konzeption und Aufbau des Bandes

Leitidee des Deutschunterrichts in der Grundschule ist die Entwicklung einer Gesprächs- und Lese-Schreib-Kultur. Sprachliche Fähigkeiten und Fertigkeiten wie Lesen und Schreiben, die alltägliche Verständigung im mündlichen und schriftlichen Sprachhandeln, der kreative Umgang mit Sprache, die Deutung von Texten und die Einsicht in den Bau von Sprache werden im dritten Schuljahr vertieft.

Das vorliegende Material (bestehend aus Band 1 und 2) bietet eine **vollständige Unterrichtskonzeption, um die verbindlichen Anforderungen des Lehrplans (orientiert an NRW) am Ende der dritten Klasse zu erreichen**. Dabei werden die Aufgabenbereiche des Lehrplans Deutsch kindgerecht, handlungsorientiert, differenziert und fantasievoll umgesetzt und die Themen des Sachunterrichts mit den Lernbereichen verknüpft. Durch diese inhaltliche Nähe der Unterrichtsreihen zur Lebenswirklichkeit der Kinder fühlen sich die Kinder angesprochen und ihre Wissbegier wird angeregt. Herausfordernde Situationen sind für Kinder wirkliche Anlässe, sprachlich zu handeln. Soziale Lernformen wie die Partner- und Gruppenarbeit, aber auch individuelles Üben finden dabei Berücksichtigung.

Zentrales Ziel ist der Aufbau und die Mitgestaltung einer Gesprächs- und Lese-Schreib-Kultur. Hierzu zählt, dass die Kinder Schreiben als persönlichen Gewinn erleben und Lust an der sprachlichen Gestaltung und am sprachlichen Spiel erwerben. Durch die mögliche Veröffentlichung von Texten erhalten die Kinder einen Anreiz zur Optimierung von Texten hinsichtlich der Sprache, der äußeren Gestaltung und der orthografischen Richtigkeit. Im Bereich „**Schriftliches Sprachhandeln**" erhalten die Aspekte Planen, Beraten und Überarbeiten für den Schreibprozess ein stärkeres Gewicht. Indem verschiedene Textsorten vorgestellt werden, werden die Kinder angeleitet, den Adressatenbezug und die Aussageabsicht bei der Planung eines Textes zu berücksichtigen. Die Entwicklung eigener Ideen zum Schreiben von Texten soll angeregt werden. Das Beraten und Überarbeiten von Texten kann in gemeinsamen Reflexionsgesprächen sowie in Form von Schreibkonferenzen stattfinden. Anregungen und Anleitungen zu den einzelnen Aspekten finden sich jeweils in den einzelnen Kapiteln. Hinweise zum Überarbeiten von Texten befinden sich in Kapitel 2 auf Seite 8/9.

Im Bereich „**Rechtschreibung**" wird in den Klassen 3 und 4 auf den Übergang vom lautorientierten zum normgerechten Schreiben hingearbeitet. So sollen die Kinder weitreichende Regelungen kennen lernen und mit den Arbeitsmethoden zur Rechtschreibkompetenz aus der zweiten Klasse weitgehend selbstständig umgehen können.

Im Bereich „**Umgang mit Texten und Medien**" soll die Lesemotivation der Kinder aufrechterhalten werden. Sie begegnen unterschiedlichen Textsorten und lernen, diese auf ihre Absicht, Wirkung und sprachlichen Mittel hin zu unterscheiden. Auch das Nutzen von Büchern und anderen Medien zur eigenen Recherche kommt zum Tragen. Anhand von Beiträgen, z. B. aus dem Internet, und durch die Gestaltung eigener Beiträge, z. B. als Hörspiel, gewinnen die Kinder Einsicht in die Machart, sinnvolle Nutzung und Auswahl dieser Medien.

Im Bereich „**Mündliches Sprachhandeln**" sollen neben dem alltäglichen Sprechen und Erzählen von Geschichten in der dritten Klasse zielgerichtete Planungs- und Reflexionsgespräche angebahnt werden. Dabei kommt es darauf an, dass die Kinder auf Beiträge anderer eingehen und diese weiterführen sowie Rückfragen dazu stellen können. Im Rahmen von Reflexionsgesprächen zu Unterrichtsthemen, z. B. Textproduktion, sollen sie angeleitet werden, Kritik zu üben und Tipps zu formulieren. Die Gestaltung und Durchführung eines Kurzvortrages wird in der 6. Unterrichtsreihe eingeübt. Im Rahmen solcher Gespräche wird auch die Fähigkeit zur Metakommunikation geübt.

Die in diesem Band aufgeführten **sechs Unterrichtsreihen** bauen inhaltlich und methodisch aufeinander auf, sind jedoch auch unabhängig voneinander einsetzbar. Sie behandeln alltägliche Themen aus der Lebenswirklichkeit der Kinder. Den Abschluss des Bandes bildet ein **Jahreszeitenkapitel** zu den Jahreszeiten Frühling und Sommer. Hier werden vielfältige Texte zum selbstvergessenen, genießenden und interessegeleiteten Lesen angeboten.

Konzeption und Aufbau des Bandes

In allen Unterrichtsreihen kommen stets folgende Aspekte als roter Faden zum Tragen:

- Verschiedene **Texterschließungsverfahren** aus Klasse 2 werden fortgeführt. Vorgehensweisen im Umgang mit einem Text werden detailliert beschrieben und können anhand differenzierter Übungen sofort umgesetzt werden. Auf diese Weise wird das sinnbildende Lesen trainiert und die intensive Auseinandersetzung mit dem Text gefördert.

- **Schreibanlässe** zu unterschiedlichen Themen und in vielfältiger Form fördern die sprachlich-geistige Entwicklung der Kinder. Sie tragen zum Aufbau einer Lese-Schreib-Kultur bei, indem die Kinder ihre eigenen Texte veröffentlichen und Texte der anderen lesen.

- **Phänomene der deutschen Rechtschreibung** werden kindgerecht erläutert und mittels eindeutiger Beispiele dargelegt. So wird den Kindern eine erste Einsicht in den Bau der deutschen Sprache ermöglicht.

- Differenzierte **Methoden zum Erwerb der Rechtschreibkompetenz** aus Klasse 2 werden aufgegriffen und sollen zunehmend selbstständig von den Kindern genutzt werden.

Die einzelnen Unterrichtsreihen sind folgendermaßen aufgebaut:

- Zunächst wird zu jeder Unterrichtsreihe ein ungefährer **Stundenumfang** angegeben, um der Lehrkraft eine Orientierung zur Reihenplanung zu geben.

- Ein **Überblick** zeigt der Lehrkraft die **Ziele** der einzelnen Lernbereiche des Fachs Deutsch, die in der Unterrichtsreihe angestrebt werden. Zudem wird der **Aufbau der Unterrichtsreihe** dargelegt. Jede Unterrichtsreihe gliedert sich in einzelne Bausteine, die aufeinander aufbauen, jedoch teilweise auch unabhängig voneinander eingesetzt werden können.

- Der **didaktische Kommentar** verschafft der Lehrkraft eine Übersicht über die zugrunde gelegten sachlichen Schwerpunkte der Unterrichtsreihe, konkretisiert die Schwerpunkte des Deutschunterrichts und zeigt Verknüpfungspunkte zum Arbeiten in anderen Fächern auf. Zudem werden mögliche Arbeits- und Unterrichtsformen für die jeweilige Reihe genannt.

- In den einzelnen **Bausteinen** wird detailliert aufgeführt, welche Materialien benötigt werden. Außerdem erhält die Lehrkraft anhand genau beschriebener Unterrichtsschritte eine vollständige Unterrichtsplanung, die nicht nur methodische Anregungen enthält, sondern auch Ideen zur Entwicklung des reflexiven Sprachhandelns gibt. Mögliche zusätzliche Übungen für Kinder mit *Deutsch als Zweitsprache* (DaZ) werden hier aufgeführt.

- Im Anschluss an die Bausteine findet die Lehrkraft eine Auflistung der in der Unterrichtsreihe erarbeiteten **Lernwörter**. Hier werden Nomen mit Artikel aufgeführt und in ihrer Singular- und Pluralform genannt. Bei Verben wird der Infinitiv und eine konjugierte Form (3. Person Singular) aufgeführt.

- Zu allen Unterrichtsreihen werden **Möglichkeiten der Lernerfolgskontrolle** bezüglich der in den Bausteinen erarbeiteten Lerninhalte benannt. Diese sind so gestaltet, dass sie entweder mit den bereits vorhandenen Materialien der jeweiligen Kapitel umgesetzt werden können oder nur wenig zusätzliches Material benötigen. Die Vorschläge eignen sich sowohl für die Gestaltung von Klassenarbeiten als auch für kurze schriftliche Übungen. Ebenso werden Hinweise zur Bewertung von mündlichem Sprachhandeln und praktischen Arbeiten gegeben. Im Bereich der Rechtschreibung kann die Lehrkraft sich mit Hilfe der tabellarischen Übersicht am Ende des Buches bezüglich der geübten Rechtschreibphänomene orientieren und diese als Bewertungsgrundlage für die Texte der Kinder nutzen.

- **Kommentierte Literaturhinweise** schließen jede Unterrichtsreihe ab. Sie dienen nicht nur der Anregung, ein geeignetes Buch zum Vorlesen zu finden, sondern können ebenso zur Einrichtung einer thematisch orientierten Leseecke genutzt werden. Auch die Erstellung einer Leseliste für die Eltern- oder Kinderhand ist denkbar. Teilweise finden sich weiterführende Literaturhinweise für die Lehrkraft sowie lohnende Internetadressen.

- Im **Materialteil** jeder Unterrichtsreihe befinden sich die in den Bausteinen zugrunde gelegten Materialien als Kopiervorlagen. Vielfältige Möglichkeiten zum Mitgestalten wie Schreiben, Lesen, Malen und Darstellen ermöglichen es jedem Kind, eine geeignete Aufgabe zu wählen. Auch fächerverbindendes Arbeiten wie eine Anleitung zum Basteln oder das Singen eines Liedes finden hier Berücksichtigung. Sofern nicht anders benannt, sind alle mit **M** gekennzeichneten Materialien **Arbeitsblätter** für die Kinderhand.

Konzeption und Aufbau des Bandes

- In Kapitel 4 (S. 155) sind alle **Lernwörter des Bandes** alphabetisch geordnet zusammengestellt und ermöglichen der Lehrkraft einen vollständigen Überblick.

- In Kapitel 5 (S. 156/157) gibt es zwei **Schmuckrahmen**. Diese können für die Kinder kopiert werden, wenn sie mehr Platz zum Schreiben benötigen sollten, als auf den Arbeitsblättern vorgesehen ist.

- Eine **tabellarische Übersicht** aller Unterrichtsreihen mit dargelegten Methoden, Veröffentlichungsmöglichkeiten von Arbeiten der Kinder und Zielen in den einzelnen Lernbereichen bildet den Abschluss dieses Bandes.
  Sie dient der Orientierung und bietet eine schnelle Rückgriffmöglichkeit auf andere Kapitel.

Übersicht über Symbole

 Zusatzaufgabe

 Merksatz

 Partnerarbeit

 Gruppenarbeit

2 Hinweise zum Überarbeiten von Texten

Texte überarbeiten und Schreiben als Prozess verstehen

Schreiben ist gleichermaßen ein Instrument der Verständigung, der Aufbewahrung von Informationen, des kreativen Sprachspiels sowie ein Stützpfeiler bei der Entwicklung der eigenen Person. In den letzten Jahren ist bezüglich schreibdidaktischer Konzeptionen eine zunehmende Schülerorientierung zu verzeichnen. Den Kindern wird die Möglichkeit gegeben, eigene Texte intensiv überarbeiten zu können. Hintergrund dabei ist, dass die Kinder sich aneignen sollen, mehr für sich bzw. eine eigene Leserschaft zu schreiben als lediglich für die Lehrperson.
So wird es möglich,

- Schreiben als etwas für sich persönlich Bedeutsames zu begreifen und zu nutzen;
- einen eigenen Stil sowie eine eigene Zugriffsweise für das Verfassen von Texten zu entwickeln;
- über die eigene Art zu schreiben nachzudenken und text-, adressaten- und absichtsgemäße Schreibstrategien zu entwickeln.

Schreibkonferenzen

Eine Möglichkeit, (freie) Texte zu überarbeiten, bieten die Schreibkonferenzen.
Innerhalb einer solchen Konferenz können selbst verfasste Texte zunächst einer kleinen Gruppe vorgestellt werden. Durch Diskussionen, die sich an bestimmten Ritualen orientieren, erhalten die Autorenkinder Vorschläge zur Überarbeitung, um die Texte dann in geeigneter Form zu veröffentlichen.
Die Kinder sollen dabei lernen, ihren eigenen Texten gegenüber eine selbstreflexive Haltung einzunehmen und damit die Verantwortung für ihre Texte zu tragen. Eine Schreibkonferenz durchzuführen erfordert bestimmte Kompetenzen der Kinder, die im Vorfeld geübt werden müssen. Zu diesen „Überarbeitungskompetenzen" gehören:

- **Fragen zum Text stellen können:**
  Dies betrifft insbesondere Verständnisfragen. Den Kindern müssen folgende Fragen geläufig sein: Für wen ist der Text? Was soll der Text bewirken? Habe ich den ganzen Text verstanden? Welche Stellen habe ich noch nicht verstanden?

- **Korrekturen am Rand durchführen können:**
  Von den Texten der Kinder werden Kopien in vergrößertem Format und mit freiem Rand angefertigt. Die Kinder sollen unterstreichen, was ihnen nicht gefällt und Verbesserungsvorschläge machen. Diese Vorschläge sollen in einzelnen (Stich-)Worten oder ganzen Sätzen an den Rand geschrieben werden.
  Eventuell können allgemeine Schreibhinweise (Wortwiederholungen vermeiden, nicht zu lange Sätze schreiben etc.) als Plakat in der Klasse veröffentlicht werden. Weitere Hilfen sind z. B. Merkblätter mit verschiedenen Satzanfängen sowie Wortfelder zu häufig verwendeten Wörtern (gehen, sagen etc.).

- **Gelungene Textstellen finden können:**
  Eine wichtige Rückmeldung für das Autorenkind sind von den anderen Kindern ermittelte, besonders gelungene Textstellen. Die Kinder sollten benennen können, was das Besondere dieser Textstellen ausmacht.

Zu Beginn einer Schreibkonferenz finden sich die Kinder zur Überarbeitung ihrer Texte in Kleingruppen mit drei bis vier Teilnehmern zusammen. Die Lehrkraft sollte möglichst auf eine leistungsheterogene Zusammensetzung der Gruppen achten. Die einzelnen Schritte des Überarbeitungsverfahrens müssen zunächst im Plenum erläutert werden.
Des Weiteren sollten die einzelnen Arbeitsschritte vor einer ersten eigenen Schreibkonferenz zunächst gemeinsam mit der Lehrkraft als Rollenspiel im Plenum oder mit den einzelnen Kleingruppen im Rahmen von Wochenplan, Förderunterricht o. Ä. durchgeführt werden. Eventuell können die einzelnen Schritte auch an einer „Mustergeschichte" geübt werden.

1. Schritt: Lesen und sich über das Textverständnis austauschen
Hier geht es um den Text als Ganzes, d. h. seine Verständlichkeit, seine Anschaulichkeit etc. Aufgrund dieses Gesamteindrucks wird deutlich, auf welche

Hinweise zum Überarbeiten von Texten

Aspekte bei der Satz-für-Satz-Überarbeitung in Schritt zwei besonders geachtet werden muss.

2. Schritt: Text inhaltlich überarbeiten
Für diesen Schritt sollten möglichst allen Kindern der Kleingruppe Kopien des Textes zur Verfügung gestellt werden. Die Kinder schreiben ihre Überarbeitungsvorschläge an den Rand des Textes. Wenn alle fertig sind, werden die Vorschläge dem Autorenkind vorgetragen. Letztlich entscheidet das Autorenkind selbst, welche Änderungen es vornehmen möchte.

3. Schritt: Text rechtschriftlich überarbeiten
Erst an dieser Stelle findet die Rechtschreibung Berücksichtigung, weil vorher noch Änderungen am Text vorgenommen werden und außerdem das „Fehlerzählen" nicht zum Mittelpunkt der Textarbeit werden sollte. Hier können Wörterbücher als Hilfe verwendet werden.

In einem zusätzlichen Schritt können die Texte für eine Veröffentlichung aufbereitet werden, indem sie noch einmal sauber abgeschrieben werden, z. B. auf einem Schmuckblatt (siehe Seite 156), mit dem Computer geschrieben werden o. Ä. Je nach Schreibsituation können auch die einzelnen Kleingruppen selbst entscheiden, wie sie ihre Texte präsentieren möchten.

Karten als Merkhilfen

Den Kindern können die folgenden Karten als Merkhilfen an die Hand gegeben werden, um das Ritual einer Schreibkonferenz zu festigen. Darüber hinaus benötigen die einzelnen Kleingruppen vermutlich in unterschiedlichem Maße Hilfestellungen. Möglicherweise muss die Lehrkraft erst auf Wortwiederholungen und Mängel im sprachlichen Ausdruck aufmerksam machen.

---

1. Schritt: Ein Kind liest seinen Text vor.
Sprecht über den ganzen Text:

- Was erfährt man aus dem Text?
- Was hat euch gefallen?
- Was kann man sich besonders gut vorstellen?

---

2. Schritt: Überarbeitet den Text Satz für Satz.

- Passt die Überschrift?
- Überlegt euch Wörter und Sätze, um den Inhalt besser darzustellen.
- Vermeidet Wiederholungen von Wörtern.
- Findet verschiedene Satzanfänge.
- Achtet auf die einheitliche Zeit der Verben.

---

3. Schritt: Kontrolliert die Rechtschreibung mit dem Schreibhelfer.

- Achtet auf die Satzzeichen.
- Unterstreicht die Wörter, bei denen ihr euch unsicher seid.
- Schlagt die unterstrichenen Wörter im Wörterbuch nach.
- Verbessert die Fehler.

3 Unterrichtsreihen

1. Unterrichtsreihe: Auf Entdeckungsreise im Märchenland

Bausteine:

1. Es war einmal … – Fragebogen zu Märchenkenntnissen 13
2. „Das Märchenlied" – Ein Lied als Unterrichtsritual einüben 14
3. Märchen über Märchen – Verschiedene Texterschließungsmethoden zu Märchen nutzen .. 14
4. Allerlei Märchenhaftes – Typische Märchenmerkmale finden 15
5. „Der gläserne Sarg" – Handlungs- und produktionsorientierte Angebote zur Fortsetzung eines Märchenanfangs 16
6. Die Märchenkartei – Wörter aus der Märchenkartei zum Verfassen eines selbst erfundenen Märchens nutzen 16
7. Hänsel und Gretel verirrten sich in der Großstadt – Verfassen eines modernen Märchens .. 17
8. Märchenhelden – Üben der wörtlichen Rede 17

2. Unterrichtsreihe: Unterwegs im Straßenverkehr

Bausteine:

1. Wer verhält sich richtig im Straßenverkehr? – Bildbetrachtung und Erzählanlass 39
2. Mit Inlineskates in die Schule – Weiterschreiben eines Geschichtenanfangs 39
3. Zum ersten Mal mit Inlineskates unterwegs – Über Sicherheit nachdenken 40
4. Katzenaugen im Dunkeln – Einen Versuch durchführen und protokollieren 40
5. Philipps Unfall – Die zwei Textformen *Bericht* und *Geschichte* vergleichen 41
6. Schüler leicht verletzt – Einen *Bericht* überarbeiten 41
7. Was ist passiert? – *Berichte* schreiben 42
8. Verlängern von Wörtern – Wiederholung der Auslautverhärtung 42

3. Unterrichtsreihe: Früher und heute

Bausteine:

1. Meine Familie – Texte zu Familienfotos schreiben 55
2. „Alle sind zufrieden mit mir" – Überlegungen zur eigenen Familie anstellen 56
3. „Das Foto" – Eine Geschichte stückweise erlesen 56
4. Geschichten von früher – Eine *Erzählung* schreiben und überarbeiten 57
5. Familienstammbäume – Eine Familienstruktur anhand eines Textes nachvollziehen 58
6. „Die Dorfschule von 1848" – Verben in Vergangenheit und Gegenwart setzen 58
7. Klassenordnung – Eine Meinung bilden und begründen 59
8. Sütterlin – In einer alten Schrift schreiben und lesen 60
9. Kinderverse – Wiederholung der Silbentrennung 60
10. „1, 2, 3, wer hat den Ball" – Selektives Lesen üben und eine Spielanleitung schreiben 60
11. „Ringel, ringel, reite" – Ein Spiel erfinden und die Spielanleitung dazu schreiben 61

4. Unterrichtsreihe: Tiere im Zoo

Bausteine:

1. Ein Besuch im Zoo – Wege beschreiben und Beobachtungsaufgaben benennen 78
2. Tiere im Zoo – Ein Abc-darium erstellen 79
3. Wer, wie, was ist mein liebstes Zootier – Wiederholung der Wortarten 79
4. Wie Tiere sich bewegen – Wortfelder zu Verben der Fortbewegung 80
5. Tier-Rekorde – Übungen zur Steigerung von Adjektiven 81
6. „Neue Bildungen, der Natur vorgeschlagen" – Kreativer Umgang mit zusammengesetzten Nomen 81
7. Tierisch gute Gedichte – Angebote zum kreativen Umgang mit Reimen und Gedichten 82

5. Unterrichtsreihe: Wasser ist Leben

Bausteine:

1. Überall Wasser – Ein Mindmap zum Thema Wasser erstellen und Projektthemen finden ... 102
2. Rund um das Thema Wasser – An verschiedenen Projektthemen arbeiten 104
3. Wasser ist Leben – Einem Sachtext wesentliche Informationen entnehmen 105
4. Wasser sehen – Adjektive für Farbtöne erfinden 105
5. Wasser hören – Eine Geschichte verklanglichen 106
6. Wasser schmecken – Rezepte für Getränke notieren 107
7. Wasser fühlen – Erlebnisse im/am/mit Wasser erzählen 107
8. Mit Wasser experimentieren – Versuche beschreiben 108
9. Die Wortfamilie Wasser – Wörter in ihre Bestandteile zerlegen 109

6. Unterrichtsreihe: Bei den Indianern

Bausteine:

1. Was wir über Indianer wissen wollen – Gestalten einer Indianerwand 127
2. „Dicker Bär und Dünner Adler" – Erfinden von Indianernamen 128
3. Wie die Indianer nach Amerika kamen – Informierendes Lesen 128
4. Wie Christoph Kolumbus sich irrte – Informierendes Lesen 129
5. Das Familienleben der Indianer mit dem eigenen vergleichen – Anlegen einer Tabelle 129
6. Wie die Indianer wohnten – Informierendes Lesen und Üben eines Kurzvortrags 130
7. Zeitreise: Wir treffen einen Indianer – Einen Dialog schreiben und vorspielen 130
8. Indianische Schriftzeichen – Eine Geschichte zeichnen und erzählen 131
9. Die Friedenspfeife – Wörter mit *Pf* und *pf* üben 131

7. Materialien zu Festen und Jahreszeiten

Frühling 149
Sommer 152

1. Unterrichtsreihe: Auf Entdeckungsreise im Märchenland

(ca. 18–22 Unterrichtsstunden)

Ziele

Mündliches Sprachhandeln

- eine Rolle im szenischen Spiel gestalten, erproben und verändern
- gespielte Szenen beobachten, sie besprechen und weiterentwickeln
- mit verschiedenen Spielformen Erfahrungen sammeln und sie für szenische Gestaltungen nutzen
- geeignete sprachliche Mittel in Wortwahl, Satzbau und Redestruktur auswählen und reflektieren

Schriftliches Sprachhandeln

- sich durch Märchen zum Schreiben anregen lassen
- gestalterische Mittel entwickeln, mit ihnen experimentieren und sie zum Schreiben nutzen
- zu kinderliterarischen Figuren und Geschehnissen schreiben
- die Textstruktur des Märchens für eigene Texte nutzen

Rechtschreiben

- erste Einsicht in die wörtliche Rede gewinnen

Umgang mit Texten und Medien

- Märchentexte interessenbezogen auswählen
- vorgelesene und selbst gelesene Märchen genießen
- handelnd mit Märchen umgehen

Sprache reflektieren

- Sprechrollen und ihre Wirkung erproben
- Textabsichten, Textsorten und Textwirkung reflektieren
- sich über Leseerfahrungen verständigen

Bausteine der Unterrichtsreihe

1. Es war einmal … – Fragebogen zu Märchenkenntnissen
2. „Das Märchenlied" – Ein Lied als Unterrichtsritual einüben
3. Märchen über Märchen – Verschiedene Texterschließungsmethoden zu Märchen nutzen
4. Allerlei Märchenhaftes – Typische Märchenmerkmale finden
5. „Der gläserne Sarg" – Handlungs- und produktionsorientierte Angebote zur Fortsetzung eines Märchenanfangs
6. Die Märchenkartei – Wörter aus der Märchenkartei zum Verfassen eines selbst erfundenen Märchens nutzen
7. Hänsel und Gretel verirrten sich in der Großstadt – Verfassen eines modernen Märchens
8. Märchenhelden – Üben der wörtlichen Rede

Auf Entdeckungsreise im Märchenland

Didaktischer Kommentar

Das Thematisieren von Märchen im Unterricht der Grundschule ist deshalb so wichtig, weil Märchen der Fantasie des Kindes neue Welten eröffnen, die es selbst nicht erschließen kann. Märchen bieten dem Kind Bilder an, mit denen es zu einer Lebensorientierung gelangt. Sie vermitteln Zuversicht, Hoffnung auf die Zukunft und das Vertrauen auf einen glücklichen Ausgang und erleichtern es ihm dadurch, die Schwierigkeiten des Lebens zu bewältigen. So kompensiert das Kind durch die Identifikation mit dem Märchenhelden oder der Märchenheldin seine wirklichen oder eingebildeten Schwächen. Dem kindlichen Gerechtigkeitssinn wird nachgekommen, da im Märchen das Gute belohnt und das Böse bestraft wird.

Die Bausteine der Unterrichtsreihe können als einzelne Unterrichtseinheiten, aber teilweise auch als Stationsbetrieb oder als Märchenwerkstatt durchgeführt werden. Voraussetzung ist, dass ein Märchenband der Gebrüder Grimm zur Verfügung steht (siehe kommentierte Literaturhinweise).

In Baustein 1 ermittelt die Lehrkraft die Vorkenntnisse der Kinder über Märchen. Diese können die Kinder in Baustein 3 nutzen, um die verschiedenen Texterschließungsverfahren sinnvoll umzusetzen. Weiterhin bringen die Kinder in Baustein 4 ihre Märchenerfahrungen ein, indem sie ihnen bereits bekannte typische Märchenmerkmale auflisten und weitere mit Hilfe von mitgebrachten Märchenbüchern in Erfahrung bringen. Die erarbeiteten Märchenmerkmale werden in einer Märchenkartei gesammelt. Dies ist ein Karteikasten, dessen einzelne Fächer die Titel der Angebotskarten tragen (sprechende Tiere, magische Sprüche etc.). Die Kinder notieren ihre gefundenen Ideen auf Karteikarten und ordnen diese der entsprechenden Kategorie im Karteikasten zu. Der Karteikasten ist Grundlage für die Bausteine 5 und 6, in denen die Kinder einen Märchenanfang mittels unterschiedlicher handlungs- und produktionsorientierter Angebote fortsetzen bzw. selbst ein Märchen erfinden. In Baustein 7 versuchen die Kinder, ein Märchen in die Moderne zu versetzen und nutzen dazu die bisher erworbenen Kenntnisse zu Märchen. Baustein 8 widmet sich der wörtlichen Rede.

Fächerübergreifend können im Kunstunterricht Märchenszenen gemalt, Kulissen für ein Theaterstück entworfen und Handpuppen genäht werden.

Bausteine der Unterrichtsreihe

 **Es war einmal ... – Fragebogen zu Märchenkenntnissen**

Material:

- M 1, S. 19

Unterrichtsschritte:

- Um herauszufinden, welche Vorkenntnisse die Kinder zum Thema „Märchen" haben, füllen sie den Fragebogen auf M 1 aus. So kann sich die Unterrichtsreihe an den Interessen der Kinder orientieren und die Lernmotivation ist höher. Eventuell kennen Kinder auch Märchen aus anderen Ländern bzw. ihren Heimatländern, die sich zum Vergleich anbieten.
- Im Mathematikunterricht kann der Fragebogen zur Erstellung einer Statistik genutzt werden. So können bestimmte Märchenvorlieben herausgestellt oder die Interessen der Jungen mit denen der Mädchen verglichen werden.

Auf Entdeckungsreise im Märchenland

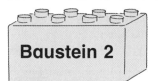

**„Das Märchenlied" –
Ein Lied als Unterrichtsritual einüben**

Material:

- M 2, S. 20

Unterrichtsschritte:

- Im Sitzkreis singen die Kinder das Märchenlied. Fortan kann das Lied als Ritual zu Beginn jeder Unterrichtseinheit gesungen werden, um die Kinder gedanklich auf das Thema einzustimmen.
- Im Verlauf der Unterrichtsreihe können die Kinder auch eigene Strophen hinzudichten, die dann jeweils angehängt werden.

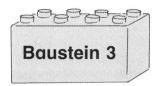

**Märchen über Märchen – Verschiedene
Texterschließungsmethoden zu Märchen nutzen**

Material:

- M 3 als Auftragskarten, S. 21
- M 4–7, S. 22–25
- M 8 auf DIN A3 kopiert, S. 26
- Märchentext „Rotkäppchen" der Gebrüder Grimm
- Märchentext „Frau Holle" der Gebrüder Grimm
- Blanko-Dias
- Diaprojektor
- Requisiten für das szenische Spiel
- Aufnahmegerät
- Märchenbücher

Unterrichtsschritte:

- In diesem Baustein arbeiten die Kinder an verschiedenen Angeboten zu Texterschließungsmethoden von Märchen. Die Lehrkraft kann hier entscheiden, ob sie die Arbeitsblätter als Stationsbetrieb anbietet oder Angebote punktuell herausgreift und als einzelne Unterrichtseinheiten gestaltet. Bei beiden Umsetzungsformen ist es wichtig, dass zum Ende jeder Unterrichtseinheit diskutiert wird, ob der Inhalt der/des Märchen/s erfasst und umgesetzt wurde.
- Bei *Angebot 1* (M 4) rekonstruieren die Kinder das Märchen „Hänsel und Gretel". Die Textteile liegen auf dem Arbeitsblatt M 4 in verwürfelter Form vor und müssen in die richtige Reihenfolge gebracht werden. In der Reflexion begründen die Kinder ihre Erstellung der Reihenfolge, indem sie auf den Inhalt des Märchens und typische Märchenmerkmale wie „Es war einmal …" sowie „Und wenn sie nicht gestorben sind …" eingehen.
- In *Angebot 2* (M 5–7) bildet das Märchen „Die Alte im Wald" die Grundlage für eine Diashow, die die Kinder zu diesem Märchen erstellen. Dazu lesen sie das Märchen zunächst. Da es sich um einen längeren Text handelt, ist es sinnvoll, dass jedes Kind einer Gruppe nur eine bestimmte Textpassage liest und den anderen davon berichtet. Anschließend wird überlegt, wie das Märchen so gegliedert werden kann, dass etwa zehn Diabilder entstehen können. Zu den Diabildern denken sich die Kinder kurze, erläuternde Sätze aus, die sie auf M 7 festhalten.
  Die Dias lassen sich erstellen, indem die Kinder mit wasserfesten Stiften auf die Blanko-Dias malen. Alternativ kann man auch Dias aus Glas rußen oder beispielsweise mit Plakafarben einfärben. Die Kinder ritzen dann mit einem spitzen Gegenstand ihre Bilder ein.

Auf Entdeckungsreise im Märchenland

- Bei *Angebot 3* überlegen sich die Kinder, wie sie das Märchen „Rotkäppchen" als szenisches Spiel umsetzen. Dazu liegt der Märchentext bereit. Die Kinder verteilen die Rolle des Erzählers und die weiteren Rollen und denken sich Dialoge aus. Gegebenenfalls können auch Requisiten hinzugezogen werden.
- Bei *Angebot 4* (M 8) sollten mehrere Märchenbücher bzw. -texte bereit liegen, in denen die Kinder schmökern können. Anschließend erfinden die Kinder Quizfragen und vier Antwortmöglichkeiten zu Märchenaspekten. Sollte der Platz auf den Quizkarten zum Schreiben nicht ausreichen sein, können die Karten auf DIN A3 kopiert werden. Die Quizkarten können den Kindern beispielsweise als Freiarbeitsmaterial zur Verfügung gestellt werden.

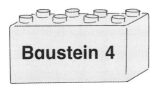

Allerlei Märchenhaftes – Typische Märchenmerkmale finden

Material:

- M 9, S. 27
- M 10–11, S. 28–29 als Angebotskarten
- Märchenbücher
- Märchenkarteikasten
- Karteikarten

Unterrichtsschritte:

- Als Einstieg dient das Märchen-Abc (M 9). Hier listen die Kinder zu allen Buchstaben des Alphabets Wörter auf, die ihnen im Zusammenhang mit Märchen einfallen. Diese Liste ist später Grundlage für die Kategorisierung nach typischen Märchenmerkmalen.
- Anschließend arbeiten die Kinder in diesem Baustein an verschiedenen Angeboten zu typischen Märchenmerkmalen. Die Lehrkraft kann hier entscheiden, ob sie die Arbeitsblätter als Stationsbetrieb anbietet oder Angebote nacheinander aufgreift und als einzelne Unterrichtseinheiten gestaltet.
- Anhand der *Angebote 1–8* (M 10–11) befassen sich die Kinder mit typischen Märcheneigenschaften. Sie sammeln mit Hilfe von mitgebrachten Märchenbüchern, ihres Märchen-Abcs (M 9) oder aus ihrer Erinnerung Beispiele zu den Kategorien der einzelnen Angebote (magische Zahlen, Formeln und Sprüche, sprechende Tiere, märchenhafte Orte, Märchenfiguren, märchenhafte Dinge, märchenhafte Tätigkeiten) und schreiben sie auf Karteikarten auf.
- Eine Erleichterung für Kinder, die noch Schwierigkeiten mit dem sinnentnehmenden Lesen haben, ist die Internetseite www.vorleser.net/html/grimm.html. Hier werden grimmsche Märchen vorgelesen. Auch Hörspielkassetten und CDs zu Märchen können an dieser Stelle sinnvoll eingesetzt werden.
- Unabhängig von der Umsetzungsform (Stationsbetrieb oder sukzessives Erarbeiten der Märchenmerkmale) ist es wichtig, dass die bearbeiteten Aufgaben zum Ende jeder Unterrichtseinheit vorgestellt werden. Noch nicht genannte Charakteristika werden auf weiteren Karteikarten festgehalten und in der Märchenkartei (vgl. didaktischer Kommentar) mit den oben aufgeführten Kategorien gesammelt.

Auf Entdeckungsreise im Märchenland

Baustein 5

**„Der gläserne Sarg" –
Handlungs- und produktorientierte Angebote zur
Fortsetzung eines Märchenanfangs**

Material:

- M 12, S. 30
- M 13 als Auftragskarten, S. 31
- M 14–15, S. 32–33
- Requisiten für das Theaterstück
- Aufnahmegerät

Unterrichtsschritte:

- Im Sitzkreis liest die Lehrkraft den Kindern den Anfang des eher unbekannten Märchens „Der gläserne Sarg" (M 12) vor und bricht den Vortrag an einer markanten Stelle ab. Dies regt die Kinder dazu an, sich über die Fortsetzung des Märchens Gedanken zu machen.
- Ihre Ideen zur Fortsetzung können sie durch die Wahl eines der verschiedenen Angebote (M 13) produktiv umsetzen. So können sie bei *Angebot 1* das Märchen weiterschreiben (M 14), bei *Angebot 2* das Märchen als Hörspiel fortsetzen, bei *Angebot 3* ein Leporello erstellen (M 15) und bei *Angebot 4* das Märchen als Theaterstück fortführen.
Wichtig ist, dass die Kinder bei der Fortführung des Märchens daran denken, ein neues Märchen unter Verwendung typischer Märchenmerkmale zu erfinden, das zum vorgelesenen Beginn passt.
- Die Reflexion findet im Sitzhalbkreis statt, um die Ergebnisse der Kinder zusammenzutragen und für alle sichtbar zu machen. Die Präsentation erfolgt unter dem Hörauftrag, ob typische Märchenmerkmale vorkommen, ob es sich um ein neues Märchen handelt und ob der von der Lehrkraft vorgetragene Anfang des Märchens bei der Fortsetzung berücksichtigt wurde.
- Der gesamte Text des Märchens „Der gläserne Sarg" findet sich unter:
http://gutenberg.spiegel.de/grimm/maerchen/sarg.htm

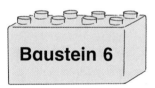

Baustein 6

**Die Märchenkartei –
Wörter aus der Märchenkartei zum Verfassen eines
selbst erfundenen Märchens nutzen**

Material:

- Märchenkartei
- M 14, S. 32

Unterrichtsschritte:

- Die in Baustein 4 erarbeitete Märchenkartei wird nun genutzt, um eigene Märchen mit märchentypischen Elementen zu erfinden. Dazu stellt die Lehrkraft die Märchenkartei zunächst in die Mitte des Sitzkreises und bittet einige Kinder, aus den einzelnen Kategorien der Märchenkartei eine Karteikarte zu ziehen und sie vorzulesen. Gemeinsam wird überlegt, welches neue Märchen man sich mit Hilfe der Wörter ausdenken könnte. Entsprechende Ideen werden zusammengetragen und als Weitererzähl-Märchen ausgestaltet. So darf ein Kind an geeigneter Stelle seine Idee zur Fortführung des Märchens einbringen.
- Anschließend werden die Kinder dazu aufgefordert, sich alleine oder zu zweit Karteikarten aus der Märchenkartei zu ziehen oder auszusuchen, um selbst ein eigenes Märchen mit diesen Wörtern oder Sprüchen zu erfinden und aufzuschreiben (M 14).

Auf Entdeckungsreise im Märchenland

- Im Sitzkreis nennen die Kinder ihre Märchenwörter und tragen ihre Märchen vor. Dies geschieht unter dem Hörauftrag, ob die genannten Märchenwörter integriert wurden und ob ein neues, aber typisches Märchen erfunden wurde.
- Ein besonderer Anreiz, ein eigenes Märchen zu verfassen, liegt in seiner Veröffentlichung. Möglich ist dies beispielsweise auf der Homepage http://www.learn-line.nrw.de/angebote/maerchen/foyer/schreiben.html. Oft werden Schreibwettbewerbe zu Märchen ausgeschrieben, die sicher auch eine reizvolle Möglichkeit zur Veröffentlichung sind.

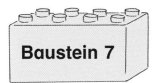

Baustein 7: Hänsel und Gretel verirrten sich in der Großstadt – Verfassen eines modernen Märchens

Material:

- M 16 als Folie oder DIN-A3-Kopie, S. 34
- M 14, S. 32
- Märchenbücher

Unterrichtsschritte:

- Als Impuls präsentiert die Lehrkraft das Bild M 16 mit dem Titel „Hänsel und Gretel verirrten sich in der Großstadt" und wartet spontane Äußerungen der Kinder ab. Dann erhalten die Kinder den Auftrag, ein modernes Märchen zu schreiben. Hier ist es den Kindern freigestellt, ob sie ein herkömmliches Märchen in die heutige Zeit versetzen oder ein neues Märchen erfinden, das in der Gegenwart spielt.
- Für Kinder mit DaZ bietet sich das Umschreiben eines herkömmlichen Märchens an, da nur einige Elemente des Textes verändert werden müssen, vieles aber – je nach Ausgestaltung – übernommen werden kann.
- Im Sitzkreis tragen die Kinder ihre Texte vor und diskutieren darüber, ob die Märchen modern sind. Falls nicht, sollten weitere Aspekte umgeschrieben werden.

Baustein 8: Märchenhelden – Üben der wörtlichen Rede

Material:

- M 17, S. 35
- M 18, S. 36

Unterrichtsschritte:

- Die Kinder lesen den Text (M 17) und markieren anschließend die wörtliche Rede. Dann wird zusammengetragen, was den Kindern auffällt. Hier sollten die Redezeichen und der Doppelpunkt besprochen werden.
- Bei Aufgabe 2 bringen die Kinder zum Ausdruck, dass sie die Redezeichen richtig einfügen können. Anhand von Aufgabe 3 zeigen sie wiederholt durch entsprechendes Unterstreichen, dass sie erkennen, welche Sätze gesprochene Sätze sind.
- Auf M 18 lesen die Kinder zunächst mit verteilten Rollen, was die einzelnen Märchenfiguren sagen. Dann schreiben sie auf, was die Märchenfiguren sagen, und fügen dabei den Doppelpunkt und die Redezeichen ein.

Auf Entdeckungsreise im Märchenland

Lernwörter

	arm		**Märchen**, die Märchen
	böse	der	**Prinz**, die Prinzen
	erzählen, er erzählt	die	**Prinzessin**, die Prinzessinnen
das	**Gold**		reich
	gut	das	**Schloss**, die Schlösser
	hässlich		schön
die	**Hexe**, die Hexen	die	**Stiefmutter**, die Stiefmütter
der	**König**, die Könige	der	**Stiefvater**, die Stiefväter
die	**Königin**, die Königinnen		zaubern, er zaubert

(Märchen column: das)

Möglichkeiten der Lernerfolgskontrolle

Ein wichtiges Ziel dieser Unterrichtsreihe liegt darin, gestalterische Mittel zu entwickeln, selbst ein Märchen zu verfassen bzw. fortzusetzen. So kann anhand der Fortsetzung eines Märchenanfangs diese Fähigkeit überprüft werden (Quellen für unbekanntere Märchen finden sich bei den kommentierten Literaturhinweisen). Daneben bietet auch die Märchenkartei immer wieder neue Wortkombinationen, die Schreibanlass für Märchen sein können.
Anhand der Lernerfolgskontrolle M 19 kann die Kenntnis der wörtlichen Rede gezeigt werden.

Kommentierte Literaturhinweise

Märchensammlungen:

- Andersen, Hans Christian: Märchen. Würzburg: Arena 1998.
- Gebrüder Grimm: Märchen der Brüder Grimm. München: Knaur 2003.
- Gebrüder Grimm: Grimms Märchen. Utting: Nebel 2000.
- Klusen, Peter: Märchen aus 1001 Nacht. Würzburg: Arena 1999.

- http://gutenberg.spiegel.de

Für die Lehrkraft:

- Bettelheim, Bruno: Kinder brauchen Märchen. München: dtv 2000.
- Betz, Felicitas: Märchen als Schlüssel zur Welt. Eine Einleitung zum Erzählen und zum Gespräch mit Kindern. Lahr: Kaufmann 2001.
- Lüthi, Max: Das europäische Volksmärchen. Stuttgart: UTB 1997.

Name: Datum: **M 1**

Es war einmal ...

1. Welche Märchen kennst du?

   _____

   _____

   _____

2. Hast du ein Lieblingsmärchen?　　　　ja ☐　　　nein ☐
   Wenn ja, wie heißt es?

   _____

3. Hast du selbst ein Märchenbuch, Märchenkassetten oder
   Märchen-CDs zu Hause?　　　　　　　ja ☐　　　nein ☐

4. Was gefällt dir an Märchen?

   _____

   _____

5. Mit welchen Märchen würdest du gerne in der Schule arbeiten?

   _____

   _____

6. Hast du Lust, unbekannte Märchen kennen zu lernen?

   　　　　　ja ☐　　　nein ☐　　　vielleicht ☐

Name: Datum: **M 2**

Das Märchenlied

Wir ken-nen vie-le Mär-chen, und ler-nen noch viel mehr. Zum

1. Bei - spiel hat das Rot - käpp - chen im Korb was zum Ver - zehr.
2. Bei - spiel Hän - sel und Gre - tel schmeckt das Knus - per - häus - chen sehr.
3. Bei - spiel Rum - pel - stilz - chen tanzt ums Feu - er hin und her.
4. Bei - spiel schmeckt der sü - ße Brei den Kin - dern wirk - lich sehr.
5. Bei - spiel schläft Dorn - rös - chen hun - dert Jah - re, bit - te sehr.

Refr.: Prin - zen, Frö - sche, Räu - be - rei, Kö - ni - gin und Zau - be - rei,

all das gibt's im Mär - chen - land der Klas - se 3 — kommt schnell her - bei!

Angebote 1–4 — M 3

Angebot 1

Hänsel und Gretel

1. Lies die Textteile.
2. Schneide die Textteile aus und klebe sie in der richtigen Reihenfolge auf.

Angebot 2

Die Alte im Wald

1. Lest das Märchen.
2. Überlegt euch, wie ihr das Märchen auf Dias malen könnt und schreibt eure Ideen auf.
3. Malt das Märchen auf die Diavorlagen.

Angebot 3

Rotkäppchen

1. Lest das Märchen.
2. Überlegt euch, wie ihr das Märchen als szenisches Spiel umsetzen könnt. Bestimmt dazu einen Erzähler und die weiteren Rollen. Denkt euch Dialoge aus.

Angebot 4

Rätselspaß im Märchenwald

1. Erfinde Quizfragen zu Märchen.
2. Vergiss nicht, vier Lösungsmöglichkeiten anzugeben.
3. Du kannst auch Märchenbücher zur Hilfe nehmen.

Bergedorfer Grundschulpraxis: Deutsch – 3. Klasse, Band 2
© Persen Verlag GmbH, Horneburg

KOPIERVORLAGE

Name: Datum: M 4

Angebot 1

Hänsel und Gretel

● *Schneide die Textteile aus und bringe sie in die richtige Reihenfolge.*

Da hörten sie plötzlich eine Stimme: „Knusper, knusper, knäuschen, wer knuspert an meinem Häuschen?" Die Kinder riefen: „Der Wind, der Wind, das himmlische Kind!" Da kam eine Hexe aus dem Haus und sperrte Hänsel in einen Stall. Gretel musste im Haushalt helfen. Hänsel wurde gemästet, denn die Hexe wollte ihn schlachten und braten.

Es war einmal eine arme Familie mit zwei Kindern namens Hänsel und Gretel. Eines Tages war die Not so groß, dass die Eltern beschlossen, die Kinder im Wald auszusetzen. Hänsel hörte dies und nahm Kieselsteine mit, um den Weg zu markieren. So fanden die Kinder abends wieder zurück nach Hause.

Gretel befreite Hänsel. In einer Kiste fanden die beiden Gold und Edelsteine. Sie nahmen mit, so viel sie tragen konnten, und fanden bald den rechten Weg nach Hause. Die Eltern freuten sich sehr und nun mussten sie nicht mehr Hunger leiden. Und wenn sie nicht gestorben sind, dann leben sie noch heute.

Täglich kam die Hexe an den Stall und befahl Hänsel, den Finger herauszustrecken. Der schlaue Hänsel streckte ihr immer einen mageren Hähnchenknochen hin.
Eines Tages wollte ihn die Hexe trotzdem braten. Gretel musste Feuer im Ofen machen. Als sich die Hexe über den Ofen beugte, gab ihr Gretel einen festen Stoß und die Hexe verbrannte.

Am folgenden Tag setzten die Eltern ihre Kinder wieder im Wald aus. Diesmal hatte Hänsel Brotkrümel dabei, die von Vögeln gefressen wurden.
So fanden die Kinder den Weg nicht und liefen immer tiefer in den Wald.
Da sahen sie auf einmal ein Haus. Die Wände des Hauses waren aus Lebkuchen. Hungrig begannen sie, sofort an dem Haus zu knuspern.

---

nach den Gebrüdern Grimm

Angebot 2 (Teil 1)

Die Alte im Wald

Es fuhr einmal ein armes Dienstmädchen mit seiner Herrschaft durch einen großen Wald, und als sie mitten darin waren, kamen Räuber aus dem Dickicht hervor und ermordeten, wen sie fanden. Da kamen alle miteinander um bis auf das Mädchen, das war in der Angst aus dem Wagen gesprungen
5 und hatte sich hinter einem Baum verborgen.
Wie die Räuber mit ihrer Beute fort waren, trat es herbei und sah das große Unglück. Da fing es an bitterlich zu weinen und sagte:
„Was soll ich armes Mädchen nun anfangen, ich weiß mich nicht aus dem Wald herauszufinden, keine Menschenseele wohnt darin, so muss ich gewiss
10 verhungern." Es ging herum, suchte einen Weg, konnte aber keinen finden. Als es Abend war, setzte es sich unter einen Baum, befahl sich Gott und wollte da sitzen bleiben und nicht weggehen, möchte geschehen, was immer wollte.

Als es aber eine Weile da gesessen hatte, kam ein weiß Täubchen zu ihm
15 geflogen und hatte ein kleines, goldenes Schlüsselchen im Schnabel. Das Schlüsselchen legte es ihm in die Hand und sprach: „Siehst du dort den großen Baum, daran ist ein kleines Schloss, das schließ mit dem Schlüsselchen auf, so wirst du Speise genug finden und keinen Hunger mehr leiden." Da ging es zu dem Baum und schloss ihn auf und fand Milch in einem kleinen
20 Schüsselchen und Weißbrot zum Einbrocken dabei, dass es sich satt essen konnte. Als es satt war, sprach es:
„Jetzt ist es Zeit, wo die Hühner daheim auffliegen, ich bin so müde, könnt ich mich doch auch in mein Bett legen." Da kam das Täubchen wieder geflogen und brachte ein anderes goldenes Schlüsselchen im Schnabel und sagte:
25 „Schließ dort den Baum auf, so wirst du ein Bett finden." Da schloss es auf und fand ein schönes, weiches Bettchen; da betete es zum lieben Gott, er möchte es behüten in der Nacht, legte sich und schlief ein.
Am Morgen kam das Täubchen zum dritten Mal, brachte wieder ein Schlüsselchen und sprach: „Schließ dort den Baum auf, da wirst du Kleider finden",
30 und wie es aufschloss, fand es Kleider, mit Gold und Edelsteinen besetzt, so herrlich, wie sie keine Königstochter hat.

Also lebte es da eine Zeitlang, und kam das Täubchen alle Tage und sorgte für alles, was es bedurfte, und war das ein stilles, gutes Leben. Einmal aber kam das Täubchen und sprach:
35 „Willst du mir etwas zuliebe tun?"

Name: Datum: **M 6**

Angebot 2 (Teil 2)

Die Alte im Wald

Fortsetzung:

„Von Herzen gerne", sagte das Mädchen. Da sprach das Täubchen: „Ich will dich zu einem kleinen Häuschen führen, da geh hinein, mittendrein am Herd wird eine alte Frau sitzen und ‚Guten Tag' sagen. Aber gib ihr beileibe keine Antwort, sie mag auch anfangen, was sie will, sondern geh zu
40 ihrer rechten Hand weiter, da ist eine Türe, die mach auf, so wirst du in eine Stube kommen, wo eine Menge von Ringen allerlei Art auf dem Tisch liegt, darunter sind prächtige mit glitzerigen Steinen, die lass aber liegen und suche einen schlichten heraus, der auch darunter sein muss, und bring ihn zu mir her, so geschwind du kannst."

45 Das Mädchen ging zu dem Häuschen und trat zu der Türe ein; da saß eine Alte, die machte große Augen, wie sie es erblickte, und sprach: „Guten Tag, mein Kind." Es gab ihr aber keine Antwort und ging auf die Türe zu. „Wohinaus?", rief sie und fasste es beim Rock und wollte es festhalten. „Das ist mein Haus, da darf niemand herein, wenn ich's nicht haben will." Aber das
50 Mädchen schwieg still, machte sich von ihr los und ging gerade in die Stube hinein. Da lag nun auf dem Tisch eine übergroße Menge von Ringen, die glitzten und glimmerten ihm vor den Augen; es warf sie herum und suchte nach dem schlichten, konnte ihn aber nicht finden.
Wie es so suchte, sah es die Alte, wie sie daherschlich und einen Vogelkäfig
55 in der Hand hatte und damit fort wollte. Da ging es auf sie zu und nahm ihr den Käfig aus der Hand, und wie es ihn aufhob und hineinsah, saß ein Vogel darin, der hatte den schlichten Ring im Schnabel. Da nahm es den Ring und lief ganz froh damit zum Haus hinaus und dachte, das weiße Täubchen würde kommen und den Ring holen, aber es kam nicht. Da lehnte es sich an
60 einen Baum und wollte auf das Täubchen warten, und wie es so stand, da war es, als wäre der Baum weich und biegsam und senkte seine Zweige herab. Und auf einmal schlangen sich die Zweige um es herum und waren zwei Arme, und wie es sich umsah, war der Baum ein schöner Mann, der es umfasste und herzlich küsste und sagte: „Du hast mich erlöst und aus der
65 Gewalt der Alten befreit, die eine böse Hexe ist. Sie hatte mich in einen Baum verwandelt, und alle Tage ein paar Stunden war ich eine weiße Taube, und solang sie den Ring besaß, konnte ich meine menschliche Gestalt nicht wiedererhalten." Da waren auch seine Bedienten und Pferde von dem Zauber frei, die sie auch in Bäume verwandelt hatte, und standen neben ihm.
70 Da fuhren sie fort in sein Reich, denn er war eines Königs Sohn, und sie heirateten sich und lebten glücklich.
Und wenn sie nicht gestorben sind, dann leben sie noch heute.

nach den Gebrüdern Grimm

Name: Datum: **M 7**

Angebot 2 (Teil 3)

Die Alte im Wald

*Malt das Märchen auf die Diavorlagen.
Schreibt zuerst auf, was ihr malen wollt:*

Bild 1

Bild 2

Bild 3

Bild 4

Bild 5

Bild 6

Bild 7

Bild 8

Bild 9

Bild 10

Name: Datum: M 8

Angebot 4 — Rätselspaß im Märchenland

● *Erfinde Quizfragen zu Märchen. Vergiss nicht, vier Lösungsmöglichkeiten anzugeben. Du kannst auch Märchenbücher zur Hilfe nehmen.*

Frage: Was macht Gretel, als die Hexe in den Ofen schaut?

A. Sie hängt Wäsche auf.
B. Sie stößt die Hexe hinein.
C. Sie bringt ihr Holz.
D. Sie probiert Lebkuchen.

Frage: Wer bin ich? Wenn ich die Betten ausschüttle, schneit es auf der Erde.

A. Frau Hölle
B. Frau Halle
C. Frau Holle
D. Frau Hülle

Frage:

A.
B.
C.
D.

Frage:

A.
B.
C.
D.

Frage:

A.
B.
C.
D.

Frage:

A.
B.
C.
D.

Frage:

A.
B.
C.
D.

Frage:

A.
B.
C.
D.

Das Märchen-Abc

A *wie Apfel, Aschenputtel,*
B *wie Brunnen*
C
D
E
F
G
H
I
J
K
L
M
N
O
P
Q
R
S
T
U
V
W
Z

Angebote 1–4 für die Märchenkartei — M 10

Angebot 2
Die magische Zahl 7

1. Suche in Märchenbüchern nach der magischen Zahl 7. In welchen Märchen kommt die Zahl vor? Welche Rolle spielt die Zahl?
2. Schreibe deine Ideen jeweils auf eine Karteikarte und ordne sie in den Karteikasten ein.

Angebot 4
Magische Sprüche

1. Suche in Märchenbüchern nach magischen Sprüchen. In welchen Märchen kommen die Sprüche vor? Wie heißen sie?
2. Schreibe deine Ideen jeweils auf eine Karteikarte und ordne sie in den Karteikasten ein.

Angebot 1
Die magische Zahl 3

1. Suche in Märchenbüchern nach der magischen Zahl 3. In welchen Märchen kommt die Zahl vor? Welche Rolle spielt die Zahl?
2. Schreibe deine Ideen jeweils auf eine Karteikarte und ordne sie in den Karteikasten ein.

Angebot 3
Sprechende Tiere

1. Suche in Märchenbüchern nach sprechenden Tieren. In welchen Märchen kommen die Tiere vor?
2. Schreibe deine Ideen jeweils auf eine Karteikarte und ordne sie in den Karteikasten ein.

KOPIERVORLAGE

Angebote 5–8 für die Märchenkartei — M 11

Angebot 6

Märchenfiguren

1. Suche in Märchenbüchern nach Märchenfiguren. In welchen Märchen kommen die Figuren vor?
2. Schreibe deine Ideen jeweils auf eine Karteikarte und ordne sie in den Karteikasten ein.

Angebot 8

Märchenhafte Tätigkeiten

1. Suche in Märchenbüchern nach märchenhaften Tätigkeiten.
2. Schreibe deine Ideen jeweils auf eine Karteikarte und ordne sie in den Karteikasten ein.

   Beispiel: zaubern   verzaubert

Angebot 5

Märchenhafte Orte

1. Suche in Märchenbüchern nach märchenhaften Orten. In welchen Märchen kommen die Orte vor?
2. Schreibe deine Ideen jeweils auf eine Karteikarte und ordne sie in den Karteikasten ein.

Angebot 7

Märchenhafte Dinge

1. Suche in Märchenbüchern nach märchenhaften Dingen. In welchen Märchen kommen die Dinge vor?
2. Schreibe deine Ideen jeweils auf eine Karteikarte und ordne sie in den Karteikasten ein.

Bergedorfer Grundschulpraxis: Deutsch – 3. Klasse, Band 2
© Persen Verlag GmbH, Horneburg

KOPIERVORLAGE

Name: Datum: **M 12**

Der gläserne Sarg

Es war einmal ein artiges und flinkes Schneiderbürschchen,
das ging auf Wanderschaft und kam in einen großen Wald,
und weil es den Weg nicht wusste, verirrte es sich.
Die Nacht brach ein, und es blieb dem Schneider nichts übrig,
als in dieser schauerlichen Einsamkeit ein Lager zu suchen.

Auf dem weichen Moose hätte er freilich ein gutes Bett gefunden,
aber die Furcht vor den wilden Tieren ließ ihm da keine Ruhe,
und er musste sich endlich entschließen, auf einem Baume
zu übernachten.
Er suchte eine hohe Eiche, stieg bis in den Gipfel hinauf und dankte Gott,
dass er sein Bügeleisen bei sich trug, weil ihn sonst der Wind,
der über die Gipfel der Bäume wehte, weggeführt hätte.

Nachdem er einige Stunden in der Finsternis, nicht ohne Zittern und Zagen,
zugebracht hatte, erblickte er in geringer Entfernung
den Schein eines Lichtes …

● *Wie geht das Märchen wohl weiter?*

Angebote 1–4 — M 13

Angebot 2: Gestalten eines Märchenhörspiels

1. Überlegt euch, wie das Märchen weitergehen könnte, und tragt eure Ideen zusammen.
2. Verteilt nun die Rollen und überlegt, was ihr sagen wollt. Ihr könnt es auch aufschreiben.
3. Übt eure Rollen still für euch ein.
4. Setzt euch zur Aufnahme nah an das Mikrofon, damit ihr gut zu verstehen seid. Nehmt nun das Märchen so auf, wie ihr es abgesprochen habt.

Angebot 4: Märchentheater spielen

1. Überlegt euch, wie ihr das Märchen weiterspielen könnt, und tragt eure Ideen zusammen.

   Wenn es euch hilft, könnt ihr die Handlung und die Rollen auch aufschreiben.
2. Wenn ihr euch einig seid, könnt ihr euer Stück einüben.

Angebot 1: Weiterschreiben eines Märchens

1. Überlege dir eine Fortsetzung für das Märchen. Schreibe sie auf.

   Du kannst dazu das Schmuckblatt benutzen.

Angebot 3: Herstellen eines Märchenleporellos

1. Überlege dir, wie das Märchen weitergehen könnte, male Bilder dazu und schreibe deine Ideen auf das Leporello.
2. Du kannst ruhig Blätter ankleben, wenn du mehr Platz brauchst!
3. Wenn du fertig bist, knicke dein Leporello an den Kanten um, damit du es aufstellen kannst!

Bergedorfer Grundschulpraxis: Deutsch – 3. Klasse, Band 2
© Persen Verlag GmbH, Horneburg

KOPIERVORLAGE

Name:　　　　　　　　　　　　　Datum:　　　　　　　　　　　　**M 14**

| Name: | Datum: | **M 15** |

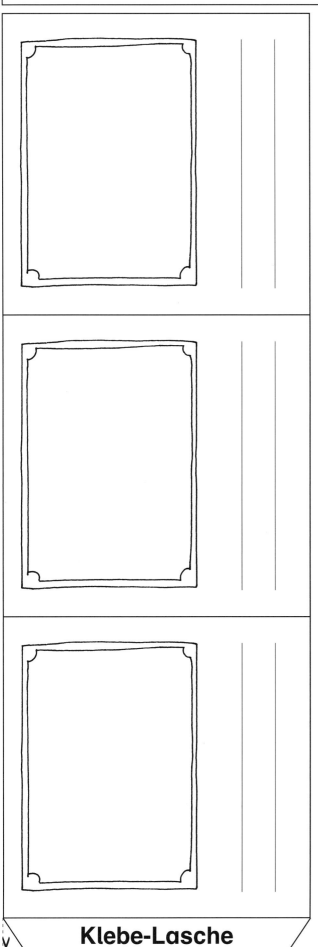
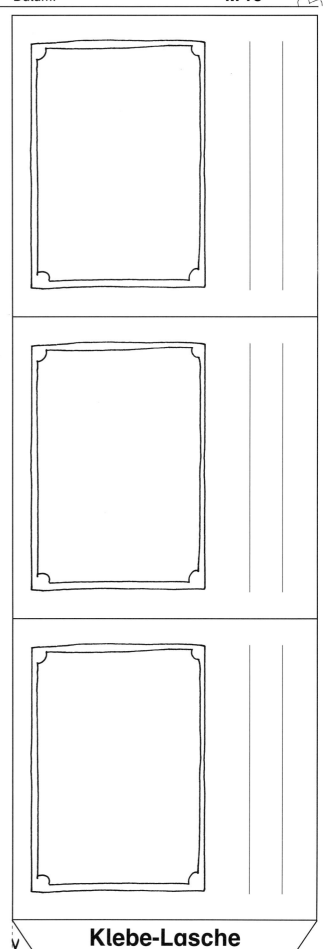

Klebe-Lasche **Klebe-Lasche**

Hänsel und Gretel verirrten sich in der Großstadt — M 16

Im Märchenwald

Es war einmal ein Prinz, der sich im Wald verirrt hatte. Bald traf er auf einen Hasen und fragte: „Kannst du mir helfen, mein Schloss zu finden?" Der Hase sagte: „Natürlich, lauf mir nur hinterher." Sie wanderten eine Weile, bis sie wieder an derselben Stelle ankamen. Der Prinz stellte fest: „Hier waren wir schon." Darauf schluchzte der Hase: „Dann weiß ich auch nicht weiter." Ein Vogel saß im Baum und sah ihnen zu und zwitscherte: „Folgt mir. Ich kenne den Weg." Aber auch jetzt landeten sie wieder am Ausgangspunkt.

Enttäuscht murmelte der Prinz: „Kann mir denn niemand helfen?" Eine Stimme aus der Tiefe flüsterte: „Küss mich und du bist wieder zu Hause." Der Prinz blickte zu Boden und sah einen Regenwurm. Erschrocken rief er: „Nein, ich kann dich nicht küssen." In seiner Not wusste er aber keine andere Lösung und küsste den Regenwurm. Im selben Augenblick fand er sich im Schloss wieder – zusammen mit einer wunderschönen Prinzessin. Fröhlich jubelte sie: „Ich war verzaubert und du hast mich erlöst." Sie heirateten und waren glücklich. Und wenn sie nicht gestorben sind, dann leben sie noch heute.

1 *Unterstreiche im Text, was gesagt wird. Was fällt dir auf?*

> Wenn jemand in einem Text etwas sagt, erkennst du es an den Redezeichen.
> Der Prinz sagt<u>:</u> <u>„Heirate mich."</u>

2 *Füge die Redezeichen richtig ein:*
Beispiel: Die Stiefmutter sagt<u>:</u> <u>„Spieglein, Spieglein an der Wand."</u>

Die Hexe ruft Holt mich hier raus.

Die Zwerge schluchzen Schneewittchen ist tot.

Der Frosch quakt Küss mich bitte.

Die Pechmarie meckert Ich mache mich nicht schmutzig.

Der Prinz jubelt Ich bin erlöst.

3 *Unterstreiche bei Aufgabe 2, was gesagt wird.*

Name: Datum: M 18

Märchenhelden

● *Schreibe auf, was die Märchenfiguren sagen. Denke an die Redezeichen.*

Beispiel: Die böse Stiefmutter fragt: „Wer ist die Schönste im ganzen Land?"

Aschenputtel jubelt _____

Der Prinz ruft _____

Die Hexe krächzt _____

Der Wolf brummt _____

Der Frosch quakt _____

Der Zwerg meckert _____

Der gestiefelte Kater prahlt _____

Name: Datum: **M 19**

Lernerfolgskontrolle

1 *Füge die Redezeichen ein.*

Der Jäger berichtet Schneewittchen ist tot.

Das Rumpelstilzchen singt Heute back' ich, morgen brau ich.

Rotkäppchen fragt Großmutter, was hast du für große Ohren?

Die Hexe ruft Ich brauche Schlangengift.

Der Hahn kräht Kikeriki.

Das Schneiderlein sagt stolz Sieben auf einen Streich.

Frau Holle freut sich Jetzt schneit es auf der Welt.

Rapunzel weint Hier komme ich nie wieder heraus.

2 *Unterstreiche, was gesagt wird.*

3 *Denke dir selbst Märchenfiguren aus und schreibe auf, was sie sagen.*
Vergiss die Redezeichen nicht.
Wenn du möchtest, kannst du dir auch ein Märchenbuch zur Hilfe nehmen.

2. Unterrichtsreihe: Unterwegs im Straßenverkehr

(ca. 18–22 Unterrichtsstunden)

Ziele

Mündliches Sprachhandeln

- zu einem Bild erzählen
- mit anderen sprechen

Schriftliches Sprachhandeln

- Sachverhalte in verständlicher Form aufschreiben
- Schreibideen entwickeln, Weiterschreiben einer Geschichte
- Texte planen, schreiben, überarbeiten und veröffentlichen
- einen Versuch protokollieren
- Unfallberichte schreiben

Rechtschreiben

- Wiederholung der Auslautverhärtung bei Nomen und Adjektiven

Umgang mit Texten und Medien

- sich im Medium Zeitung orientieren und Unfallberichte auswählen

Sprache reflektieren

- die Textsorten *Geschichte* und *Unfallbericht* unterscheiden
- über Schreibweisen nachdenken

Bausteine der Unterrichtsreihe

1. Wer verhält sich richtig im Straßenverkehr? – Bildbetrachtung und Erzählanlass
2. Mit Inlineskates in die Schule – Weiterschreiben eines Geschichtenanfangs
3. Zum ersten Mal mit Inlineskates unterwegs – Über Sicherheit nachdenken
4. Katzenaugen im Dunkeln – Einen Versuch durchführen und protokollieren
5. Philipps Unfall – Die zwei Textformen *Bericht* und *Geschichte* vergleichen
6. Schüler leicht verletzt – Einen *Bericht* überarbeiten
7. Was ist passiert? – *Berichte* schreiben
8. Verlängern von Wörtern – Wiederholung der Auslautverhärtung

Didaktischer Kommentar

Die Verkehrserziehung gilt als wichtiger und verpflichtender Bestandteil des Unterrichts in Grundschulen. Neben der Vermittlung von Wissen über den Straßenverkehr sollen Kinder in diesem Kapitel vor allem über das Thema Sicherheit nachdenken, um so ihr Verhalten nachhaltig zu schulen. Darüber hinaus sollte die Verkehrserziehung Aspekte der Bewegungs- und Gesundheitserziehung beinhalten, die im Sportunterricht umgesetzt werden können. Dort kann z. B. ein Wahrnehmungstraining stattfinden.
Die folgenden Bausteine beschäftigen sich schwerpunktmäßig mit der Vermittlung von Wissen und Anregungen zum Nachdenken über das eigene Verhalten als Verkehrsteilnehmer. Da Kinder heute vielfach mit Inlineskates

Unterwegs im Straßenverkehr

am Straßenverkehr teilnehmen, sollte dieses Thema neben dem Fahrradfahren und dem Zu-Fuß-Gehen im Unterricht behandelt werden. Die Bausteine 2–4 stellen daher den Sicherheitsaspekt beim Fahren mit Inlineskates in den Vordergrund.

Die Bausteine 5–7 greifen das Thema Verkehr auf und verbinden es mit dem Lesen und Schreiben von Berichten.

In Baustein 8 üben die Kinder die Auslautverhärtung bei Nomen und Adjektiven.

Bausteine der Unterrichtsreihe

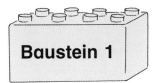

Wer verhält sich richtig im Straßenverkehr? – Bildbetrachtung und Erzählanlass

Material:

- M 1 als Folie oder DIN-A3-Plakat, S. 44

Unterrichtsschritte:

- Als Einstieg in das Thema „Unterwegs im Straßenverkehr" betrachten die Kinder das Bild auf M 1. Auf diesem sind Verkehrsteilnehmer zu sehen, die sich richtig, aber auch solche, die sich falsch verhalten.
- Die Kinder führen ein Gespräch über das Verhalten der verschiedenen Verkehrsteilnehmer:
  - Wer verhält sich richtig?
  - Wer verhält sich nicht richtig?
  - Was könnte gefährlich werden?

Mit Inlineskates in die Schule – Weiterschreiben eines Geschichtenanfangs

Material:

- M 2, S. 45
- Wörterbücher
- evtl. Computer

Unterrichtsschritte:

- Die Lehrkraft liest den Kindern den Geschichtenanfang (M 2) vor. Alle sammeln gemeinsam Ideen, wie Anna mit Inlineskates die Treppe hochkommen könnte.
- Die Kinder schreiben die Geschichte weiter. Kinder, die fertig werden, lesen sich gegenseitig ihre Geschichten vor und geben sich Lob und Tipps. Anschließend können sie ihre Geschichte inhaltlich und rechtschriftlich mit dem Wörterbuch überarbeiten.
- Einige Geschichten werden für alle Kinder vorgelesen. Auch hier können Lob und Tipps angesprochen werden.
- Nachdem die Lehrkraft die Geschichten noch einmal auf Rechtschreibfehler überprüft hat, können die Kinder ihre Geschichte handschriftlich oder mit dem Computer abschreiben. Möglicherweise können die Geschichten in einem Buch gebunden werden.

Unterwegs im Straßenverkehr

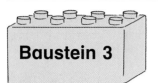

Zum ersten Mal mit Inlineskates unterwegs – Über Sicherheit nachdenken

Material:

- M 3, S. 46
- M 4, S. 47
- evtl. Schutzausrüstung

Unterrichtsschritte:

- Die Kinder lesen die Geschichte auf M 3. In Partnerarbeit beraten sie sich über Sicherheitsaspekte beim Inlineskaten und schreiben ihre Ergebnisse auf.
- Im Plenum stellten die Kinder ihre Ergebnisse vor und ergänzen diese gegebenenfalls. Dabei kann eine von einem Kind mitgebrachte Schutzausrüstung zur Anschauung genutzt werden.
- Die Kinder bearbeiten das Suchrätsel (M 4) und vertiefen so verschiedene Sicherheitsaspekte, wie z. B. die Benennung einzelner Teile einer Schutzausrüstung. Gleichzeitig wird das Schreiben der Wörter geübt.
- Lösung:

		B	R	E	M	S	E	N				
			R	E	F	L	E	K	T	O	R			
V								N					H
O								I					A
R								E					N
													D
S	C	H	U	T	Z	A	U	S	R	Ü	S	T	U	N	G		S
I								C					C
C								H				F	H
H								O				A	O
T								N				L	N
					H	E	L	M				L	E
						R						E	R
												N	
		E	L	L	B	O	G	E	N	S	C	H	O	N	E	R	
					R	Ü	C	K	S	I	C	H	T	

Katzenaugen im Dunkeln – Einen Versuch durchführen und protokollieren

Material:

- M 5 als Folie, S. 48
- M 6, S. 49
- OHP
- Materialien für den Versuch, siehe M 5

Unterrichtsschritte:

- Auf dem OHP lesen die Kinder das kommende Versuchsvorhaben (M 5) und überlegen gemeinsam, wie die verschiedenen Reflektoren im Versuch das Licht zurückstrahlen werden.

Unterwegs im Straßenverkehr

- Die Kinder führen in Gruppenarbeit den Versuch mit den Katzenaugen durch. Daran anschließend protokolliert jedes Kind seine Ergebnisse auf dem Arbeitsblatt M 6.
- Im Plenum stellen die Kinder ihre Protokolle vor.
- Im Anschluss an die Präsentation überlegen sich die Kinder, welche Konsequenzen sich für ihre Teilnahme im Straßenverkehr ergeben, z. B. im Hinblick auf die notwendige Sauberkeit der Katzenaugen.

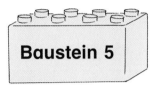

Baustein 5: Philipps Unfall – Die zwei Textformen *Bericht* und *Geschichte* vergleichen

Material:

- M 7, S. 50

Unterrichtsschritte:

- Die Kinder lesen die Geschichte und den Bericht auf M 7 und schreiben die Unterschiede zwischen diesen beiden Textformen auf. Gegebenenfalls können die Kinder sich in Partnerarbeit beraten. Zuvor stellt die Lehrkraft einen Unterschied mit den Kindern gemeinsam heraus und notiert diesen in Stichworten an der Tafel.
- Im Plenum werden die weiteren Unterschiede gemeinsam gesammelt, z. B.
  - *Geschichte:*
    spannend geschrieben, mehr Text, dennoch fehlen Daten wie genaue Zeitangabe bzw. Ortsangabe, geschrieben in einem Buch
  - *Bericht:*
    auf wesentliche Fakten beschränkt, diese möglichst detailliert beschrieben, geschrieben in einer Zeitung

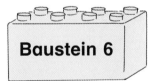

Baustein 6: Schüler leicht verletzt – Einen *Bericht* überarbeiten

Material:

- Berichte aus der Zeitung
- M 8, S. 51
- Karten

Unterrichtsschritte:

- Die Kinder suchen in verschiedenen Tageszeitungen Berichte und schneiden diese aus.
- Einige Berichte werden vorgelesen.
- Gemeinsam überlegen die Kinder, welche Angaben ein Bericht in der Zeitung beinhalten muss. Die Lehrkraft notiert diese als Gedankenstützen auf Karten.
- Die Kinder lesen den Bericht auf M 8 und ergänzen diesen um die fehlenden Angaben.
  Der Bericht kann mit folgenden Angaben ergänzt werden:
  - Überschrift
  - genaue Zeitangabe
  - Ortsangabe
  - Alter der Fahrradfahrerin
  - Folgen für die Fahrradfahrerin

  Ebenso wird Überflüssiges (z. B. „Sie fuhr ihm …") gestrichen.
- Während einzelne Kinder ihren Bericht vorlesen, achten die zuhörenden Kinder auf die oben genannten Kriterien und geben diesbezüglich Rückmeldung.

Unterwegs im Straßenverkehr

Baustein 7 — Was ist passiert? – *Berichte* schreiben

Material:

- M 9, S. 52

Unterrichtsschritte:

- Das Arbeitsblatt M 9 enthält vier Bilder zur Übung des Schreibens von Berichten. Die Kinder schreiben mit Hilfe eines Bildes (und Stichpunkten) einen Bericht. Ein Bild kann auch die Grundlage für eine spätere Lernerfolgskontrolle sein (siehe S. 43).
- Die Kinder lesen sich gegenseitig die Berichte vor. Dabei überprüfen sie, ob alle wichtigen Informationen enthalten sind und der Text die Form eines Berichtes hat. Gleichzeitig wird überprüft, ob nichts Überflüssiges geschrieben wurde.
- Für Kinder mit DaZ können Sätze und Satzanfänge, die häufig in Berichten vorkommen, eine Hilfe beim Schreiben sein:
  - Am Samstag ereignete sich in der Waldstraße um 13.00 Uhr ein Unfall.
  - Ein 13-jähriges Mädchen fuhr/ging …
  - Bei dem Unfall zog sich das Mädchen eine Knieverletzung zu.
  - Das Mädchen wird im Luisenkrankenhaus behandelt.
  - Der Sachschaden beträgt …

Baustein 8 — Verlängern von Wörtern – Wiederholung der Auslautverhärtung

Material:

- M 10–11, S. 53

Unterrichtsschritte:

- Die Lehrerin diktiert den Kindern folgende Wörter:

  > der Weg, die Hand, die Wand, das Flugzeug,
  > der Korb, der Zug, das Rad,
  > rund, gelb, wild, lieb, blind, klug

- Im Anschluss wird über mögliche Fehlerquellen und die Herleitung der Schreibung gesprochen.
- Zur Übung der Auslautverhärtung bearbeiten die Kinder die Arbeitsblätter M 10 und M 11 und korrigieren mit Hilfe dieser ihre geschriebenen Wörter.
- Das Thema *Verlängern von Wörtern* als Rechtschreibhilfe bei Umlauten und Diphthongen wird in Klasse 2, Band 2, S. 106 auf M 13 angesprochen.

Unterwegs im Straßenverkehr

Lernwörter

	bremsen, er bremst		**schnell**
der	**Dienstagnachmittag**,	die	**Schutzausrüstung**,
	die Dienstagnachmittage		die Schutzausrüstungen
die	**Inlineskates**		**schützen**, er schützt
das	**Katzenauge**, die Katzenaugen	die	**Straße**, die Straßen
	laufen, er läuft	der	**Unfall**, die Unfälle
	rücksichtsvoll	die	**Vorsicht**
der	**Schaden**, die Schäden		**vorsichtig**

Möglichkeiten der Lernerfolgskontrolle

Die Kinder schreiben mit Hilfe eines Bildes (z. B. von M 9) und den dazugehörigen Stichpunkten einen Bericht. Das Ableiten vom Wortstamm bzw. einer verwandten Form des Wortes zum Finden der richtigen Schreibung kann ebenfalls überprüft werden. Diesbezüglich können folgende Wörter von den Kindern geschrieben werden:

Berg, Kind, Wind, Burg, Tag, Dieb, Sieb, Sieg, fleißig, schlank, bunt, wund, flink

Kommentierte Literaturhinweise

Für die Lehrkraft:

- Jackel, Birgit: Psychomotorische Handlungskompetenz beim Radfahren. Schorndorf: Karl Hoffmann 1997.

  Feldstudien an Radfahrern und empirische Radfahruntersuchungen führten zu neuen Radfahr-Trainingsprogrammen. Die beiden hier vorgestellten wissenschaftlichen Untersuchungen liefern elementare Erkenntnisse, die zu einem psychomotorisch ausgerichteten Trainingsprogramm für die Radfahrausbildung führen. Die Autorin zeigt, wie motorische Radfahrkompetenz durch psychomotorisches Üben, besonders mit Laufrädern und Kinderrollern, wirksam gesteigert werden kann.

- Kreft, Lars: Verkehrserziehung in der Grundschule. Donauwörth: Auer 2003.

  Diese handlungsorientierten Unterrichtsmaterialien beschäftigen sich in 12 Stationen mit verschiedenen Aspekten des Fahrrades und dem Straßenverkehr im Allgemeinen. Zudem liegen Bilder zum Thema Verkehr vor, die Gesprächs- und Schreibanlass sein können.

- Mischler, Dave (u. a.). Roll on. Inlineskating lehren und lernen. Donauwörth: Auer 2003.

  Neben Hintergrundwissen über das Inlineskaten im Allgemeinen werden zahlreiche praktische Übungen und Spiele vorgestellt. Alle Übungen sind mit Zeichnungen versehen, so dass sie schnell verstanden und im Sportunterricht umgesetzt werden können.

- Warm, Ingrid/Warm, Michael: Workies 4. Auf Rollen und Rädern. Donauwörth: Auer 2001.

  Zahlreiche Arbeitskarten zum Thema „Fahrradfahren" und „Inlineskaten" bieten genügend Ideen für einen geöffneten Sportunterricht. In einem kleinen Begleitheft wird eine Übersicht über die Karten gegeben und deren Einsatz im Sportunterricht vorgestellt.

Unterwegs im Straßenverkehr M 1

Name: Datum: M 2

_____

Es war ein wunderschöner warmer Freitagmorgen. Anna machte sich gerade für die Schule fertig. Sie hatte gute Laune und sang deshalb laut im Badezimmer. Sie freute sich sehr auf die Schule, denn ihre Freundin Lea hatte heute Geburtstag. Meistens geschah an Geburtstagen etwas Besonderes in der Schule. Anna musste innerlich lachen, als sie an all die lustigen Geschichten dachte, die sie bereits an Geburtstagen in der Schule erlebt hatte.

In diesem Moment schaute sie auf die Uhr. „Ach, du Schreck", dachte sie. „Es ist ja schon zehn vor acht, in zehn Minuten beginnt die Schule. Mist, das schaff' ich nie." Doch da hatte Anna eine Idee.

Sie schnallte sich ihren Schulranzen auf den Rücken und zog ihre Inliner an. „Damit müsste ich es noch schaffen", dachte sie und brauste los. Hinter ihr hörte sie noch entsetzt ihren Vater schreien: „Anna, Aaaanna!"

Aber Anna war schon zu weit weg, um ihn noch hören zu können.

Um kurz nach acht kam sie in der Schule an. Doch dann blieb sie auf einmal wie angewurzelt stehen.

Da war es schon, das erste Problem: Wie sollte sie nur auf ihren Inlinern die riesige Schultreppe zu ihrem Klassenzimmer hochkommen?

1 Denke dir eine Überschrift aus.

2 Schreibe, wie die Geschichte weitergehen könnte.

_____
_____
_____
_____
_____
_____
_____
_____

Zum ersten Mal mit Inlineskates unterwegs

Ben steht voller Stolz vor dem Spiegel.
Zum ersten Mal hat er seine Inlineskates
und die tolle neue Schutzausrüstung an.
Er kann es kaum erwarten, dass sein bester
Freund Jannick vorbeikommt.
Endlich, da klingelt es. Jannick steht eben-
falls in kompletter Ausrüstung vor ihm.
Jannick fährt schon seit einem Jahr Inliner.
Er kann schon sehr schnell fahren und hat
Ben schon oft schwierige Tricks vorgeführt.

Jannick nimmt Ben an die Hand und zieht
ihn bis zum nahe gelegenen Bolzplatz.
Dort treffen sich am Nachmittag meist viele
Kinder. Ben ist ganz ungeduldig und bittet
Jannick, ihm das Fahren beizubringen.
Doch Jannick lacht ihn an und sagt:
„Als Erstes bringe ich dir das Fallen bei."

1 *Warum ist eine Schutzausrüstung beim Inlineskaten so wichtig?*

_____
_____

2 *Was gehört alles zu einer guten Schutzausrüstung beim Inlineskaten?*

_____
_____

3 *Jannick möchte Ben erst einmal das Fallen beibringen. Warum?*

_____
_____

Sicherheit beim Inlineskaten

In diesem Suchrätsel befinden sich 10 Wörter zum Thema „Inlineskaten".

Die Wörter sind so im Rätsel versteckt:
von oben nach unten und von links nach rechts.

1 *Markiere die 10 Wörter.*

2 *Schreibe die Wörter in dein Heft.*

Q	E	R	T	Z	U	I	O	P	Ü	A	S	C	D	F	G	H	J	K	L
Y	Y	C	V	B	N	M	A	L	K	J	H	H	R	O	F	J	X	N	A
A	S	B	R	E	M	S	E	N	S	D	D	F	G	H	J	K	L	Ö	A
Ü	O	I	U	Z	T	R	E	Q	E	R	T	Z	A	T	Z	U	I	O	S
R	T	Z	R	E	F	L	E	K	T	O	R	Z	U	I	O	P	Ü	H	D
V	A	S	B	D	F	G	H	N	J	H	K	L	Ö	Ä	Q	Ä	P	A	F
O	A	D	F	G	H	R	X	I	Y	J	K	L	Ö	Ä	Ü	P	O	N	I
R	Ä	L	K	J	M	D	B	E	V	Q	R	T	Z	U	I	O	P	D	J
S	C	H	U	T	Z	A	U	S	R	Ü	S	T	U	N	G	J	L	S	G
I	Ü	O	I	U	Z	T	T	C	R	E	Q	Ä	Ö	K	H	H	J	C	F
C	Y	X	C	V	B	N	M	H	M	N	B	V	C	X	Q	F	R	H	D
H	A	S	D	F	G	H	J	O	A	S	D	F	G	H	J	A	J	O	S
T	Q	E	R	T	Z	U	I	N	P	I	U	Z	T	R	E	L	Z	N	A
P	O	I	U	Z	T	R	H	E	L	M	G	R	E	Q	M	L	B	E	C
Q	R	T	Z	U	I	T	U	R	P	O	I	U	Z	T	R	E	L	R	Ä
A	S	D	F	G	H	J	K	L	L	Ö	F	P	H	K	S	N	L	Ä	K
Q	F	G	H	J	K	L	Ö	Ä	P	O	I	U	Z	F	D	N	V	F	S
Y	X	E	L	L	B	O	G	E	N	S	C	H	O	N	E	R	C	D	J
A	D	B	N	H	F	J	F	N	C	H	D	J	M	M	O	P	I	Z	I
A	G	H	J	K	L	Ö	R	Ü	C	K	S	I	C	H	T	Q	U	I	O

M 5

Katzenaugen im Dunkeln

Ihr braucht:
- drei Katzenaugen
- eine kleine Schüssel mit Schlamm
- eine Taschenlampe
- einen großen Karton mit einem kleinen Loch an der Seite
- ein großes Tuch
- einen Protokollbogen (M 6)

Und so geht's:

1. Bestreicht das erste Katzenauge mit viel Schlamm und das zweite mit wenig Schlamm.
   Das dritte Katzenauge bleibt wie es ist.

2. Legt die Katzenaugen in den Karton.

3. Legt das Tuch über den Karton.

4. Ein Kind steckt den Kopf unter das Tuch.
   Ein anderes Kind nimmt die die Taschenlampe und leuchtet durch das kleine Loch die Katzenaugen an.

5. Wechselt euch ab.

6. Bearbeitet den Protokollbogen.

Name: Datum: **M 6**

Protokollbogen

1 Zeichne den Versuch.

2 Was hast du entdeckt?

_____
_____
_____

3 Versuche, deine Entdeckungen zu erklären.

_____
_____
_____

4 Wodurch kannst du beim Inlineskaten besser von anderen gesehen werden?

_____
_____
_____

Name: Datum: M 7

Der rasende Philipp

Es war ein schöner sonniger Nachmittag. Philipp war den ganzen Vormittag über bei seinem besten Freund Paul und hatte am Computer gespielt. Völlig in Gedanken fuhr er auf seinen Inlineskates auf dem Gehweg in Richtung Heimat. Doch da riss plötzlich der Beifahrer eines geparkten Autos die Tür auf. Philipp konnte nicht so schnell reagieren und fuhr in die Beifahrertür des Autos. Er erschrak sehr und schrie. Der Beifahrer des Autos sprang schnell aus dem Auto, um sich um Philipp zu kümmern. Währenddessen sagte er zu Philipp: „Mensch Junge, was machst du denn für Sachen?" Doch Philipp hatte sich nicht so sehr verletzt, so dass sich beide schnell wieder beruhigten. Beifahrer und Fahrer brachten Philipp gemeinsam nach Hause. Philipps Eltern waren froh, dass er nur eine leichte Verletzung an der Schulter hatte. Philipp fuhr in Zukunft noch vorsichtiger mit seinen Inlinern.

Unfall in der Marktstraße

Am Donnerstag ereignete sich um 15.00 Uhr in der Marktstraße in Blumendorf ein Unfall.
Ein 9-jähriger Junge fuhr mit seinen Inlineskates auf dem Gehweg. Neben dem Gehweg parkte ein Auto, dessen Tür geöffnet wurde.
Der Junge konnte nicht schnell genug reagieren und fuhr gegen die Tür.
Bei dem Unfall zog sich der Junge eine leichte Schulterverletzung zu, die im Marienhospital in Blumendorf behandelt wurde.
Der Sachschaden beträgt ca. 1000 Euro.

● *Wie unterscheiden sich die beiden Texte?*

Text 1 : Der rasende Philipp

Text 2 : Unfall in der Marktstraße

Name: Datum: **M 8**

Einen Bericht überarbeiten

Am Dienstag ereignete sich ein Unfall.

Eine Fahrradfahrerin fuhr sehr schnell auf dem Bürgersteig und übersah eine Fußgängerin. Sie fuhr ihr mit dem Fahrrad in die Beine. Die Fußgängerin zog sich bei dem Unfall nur leichte Schürfwunden zu.

Gibt es bei diesem Bericht Informationen, die überflüssig sind? Streiche sie. Ergänze notwendige Informationen und schreibe einen vollständigen Bericht.

- Lack zerkratzt
- Vollbremsung
- Josefstraße
- Samstagmorgen
- keine Verletzten
- Auto über Bürgersteig in die Hecke

- Auto: Totalschaden
- Laterne umgeknickt
- Fahrer leicht verletzt
- Montagmittag
- Lessingstraße
- Auto gegen Laterne gefahren

- Auto über Bürgersteig in Telefonzelle
- Auto: erheblicher Blechschaden
- Dienstagnachmittag
- Vollbremsung
- Kind: unverletzt
- Telefonzelle umgekippt
- Autofahrer mit Schock ins Krankenhaus

- Rad: Vollbremsung
- Auto ausgewichen
- Kind auf Gepäckträger vom Fahrrad auf Gegenfahrbahn geschleudert
- starke Schürfwunden
- Mittwochmittag

Name: Datum: **M 10**

Verlängern von Nomen

b oder p ? d oder t ? g oder k ?
Verlängere das Wort, damit du weißt, wie es geschrieben wird.

der We**g**   die We**g**e

- Han
- Wan
- Kor
- Zu
- Flugzeu
- Ra

Name: Datum: **M 11**

Verlängern von Adjektiven

b oder p ? d oder t ? g oder k ?
Verlängere das Wort, damit du weißt, wie es geschrieben wird.

run**d**   der run**d**e Ball

- gel
- wil
- lie
- blin
- klu

Bergedorfer Grundschulpraxis: Deutsch – 3. Klasse, Band 2
© Persen Verlag GmbH, Horneburg

KOPIERVORLAGE   53

3. Unterrichtsreihe: Früher und heute

(ca. 18 Unterrichtsstunden)

Ziele

Mündliches Sprachhandeln

- Geschichten und Informationen erfragen
- Geschichten mit Hilfe von Stichworten erzählen

Schriftliches Sprachhandeln

- Erzähltes in Stichworten festhalten
- reale und erdachte Ereignisse erzählen und dabei den Aufbau einer *Erzählung* beachten
- Texte zu Fotografien schreiben
- eine Meinung schriftlich begründen
- in der alten Schrift Sütterlin schreiben
- Spielanleitungen verfassen

Rechtschreiben

- das Wörterbuch nutzen
- die Silbentrennung wiederholen

Umgang mit Texten und Medien

- Texten Informationen entnehmen und diese umsetzen
- selektiv lesen

Sprache reflektieren

- erste Einsichten in die Zeitformen Gegenwart und Vergangenheit gewinnen

Bausteine der Unterrichtsreihe

1. Meine Familie – Texte zu Familienfotos schreiben
2. „Alle sind zufrieden mit mir" – Überlegungen zur eigenen Familie anstellen
3. „Das Foto" – Eine Geschichte stückweise erlesen
4. Geschichten von früher – Eine *Erzählung* schreiben und überarbeiten
5. Familienstammbäume – Eine Familienstruktur anhand eines Textes nachvollziehen
6. „Die Dorfschule von 1848" – Verben in Vergangenheit und Gegenwart setzen
7. Klassenordnung – Eine Meinung bilden und begründen
8. Sütterlin – In einer alten Schrift schreiben und lesen
9. Kinderverse – Wiederholung der Silbentrennung
10. „1, 2, 3, wer hat den Ball" – Selektives Lesen üben und eine Spielanleitung schreiben
11. „Ringel, ringel, reite" – Ein Spiel erfinden und die Spielanleitung dazu schreiben

Früher und heute

Didaktischer Kommentar

Die vorliegende Unterrichtsreihe führt die Kinder in die Vergangenheit. Um an der Lebenswirklichkeit der Kinder anzuknüpfen, wird die Reise in die Vergangenheit mit der eigenen Familiengeschichte in Verbindung gebracht. Auf diese Weise können sich die Kinder leichter mit den Unterrichtsinhalten identifizieren und gewinnen ein Gespür für Zeit und Epochen.

Die Bausteine 1 und 2 beschäftigen sich mit den Familien der Kinder in der Gegenwart. Hier werden Familienstrukturen und der Umgang in der Familie angesprochen. So lernen die Kinder verschiedene Familientypen kennen. Baustein 3 verknüpft anhand der Geschichte eines Großvaters und seines Enkels die Gegenwart mit der Vergangenheit. Hier sollen einerseits Toleranz und Achtung zwischen den Generationen angestrebt werden, andererseits wird der Blick der Kinder auf die Geschichte der eigenen Familie gelenkt.

Die Auseinandersetzung mit der Familiengeschichte wird in Baustein 4 vertieft. Hier erfragen die Kinder Geschichten aus der eigenen Familie und schreiben sie als Erzählungen nieder. Die Textform *Erzählung* ist sprachlicher Schwerpunkt der Unterrichtsreihe. Baustein 5 greift den familiengeschichtlichen Aspekt der vorhergehenden Bausteine auf, indem die Kinder mit Stammbäumen arbeiten.

Die Bausteine 6 bis 8 thematisieren die Schule, wie sie zu Zeiten der Großeltern und früher war. Hier werden Verben in Gegenwart und Vergangenheit behandelt. Das Thema „Schule früher" könnte in einem Projekt vertieft werden, indem die Kinder beispielsweise mit Hilfe von Berichten von Zeitzeugen, Fotos und alten Dokumenten eine Chronik ihrer Schule verfassen.

Schließlich werden Spiele von früher in den Bausteinen 9 bis 11 zum Inhalt des Unterrichts. Die Kinder lernen Texte zu Spielen aus einem alten Lesebuch kennen und entwerfen Spielanleitungen.

Bausteine der Unterrichtsreihe

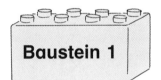

Meine Familie – Texte zu Familienfotos schreiben

Material:

- mitgebrachte Familienfotos der Kinder
- Schmuckblätter
- Wörterbuch

Unterrichtsschritte:

- Als Einstieg in die Unterrichtsreihe bringen die Kinder ein Foto von ihrer Familie mit.
- Die mitgebrachten Fotos werden zunächst in einer Ausstellung betrachtet. Dazu werden die Fotos auf den Tischen ausgelegt und die Kinder erhalten Zeit, durch die Klasse zu gehen und sich die Fotos anzuschauen. Hierbei sollte es so leise wie im Museum sein, d. h. es darf geflüstert, aber nicht laut gesprochen werden. Es werden noch keine Fragen zu den Fotos beantwortet.
- Anschließend kehren die Kinder zu ihren Plätzen zurück. Im Unterrichtsgespräch werden einige Fotos beschrieben. Hierbei kommt zur Sprache, wer auf dem Foto zu sehen ist und wo und wann es aufgenommen wurde. Es kann auch besprochen werden, welche Personen zur Familie gehören, d. h. ob nur Vater, Mutter und Kinder oder auch Großeltern und andere Verwandte oder Lebensgefährten und deren Kinder zur Familie gezählt werden.
- Im weiteren Verlauf schreiben die Kinder einen Text zu ihrem Foto. In diesem Text müssen folgende Fragen beantwortet werden:
  - Wer ist auf dem Foto zu sehen?
  - Wer befindet sich wo auf dem Foto?

Früher und heute

- ○ Wann wurde das Foto gemacht?
- ○ Wo wurde es gemacht?

Diese Leitfragen werden an der Tafel notiert, damit die Kinder sich während des Schreibens daran erinnern können.

- Kinder, die ihren Text beendet haben, überprüfen die fertigen Arbeiten in Partnerarbeit, indem sie den Text auf die Beantwortung der Leitfragen hin betrachten und die Personen auf dem zugehörigen Foto mit Hilfe des Textes benennen. Sollten Angaben fehlen oder die Personen nicht eindeutig identifizierbar sein, muss der Text überarbeitet werden. Es ist sinnvoll, dass zwei Kinder zusammenarbeiten, die die Familie des anderen nicht kennen.
- Wenn der Inhalt des Textes stimmig ist, wird die Rechtschreibung mit Hilfe des Wörterbuches überprüft. Anschließend wird der überarbeitete Text auf ein Schmuckblatt geschrieben.
- Zur Endreflexion kommen alle Kinder mit ihren Texten in den Stuhlkreis. Die Fotos liegen in der Mitte ausgebreitet. Nun liest ein Kind seinen Text vor. Die anderen Kinder ordnen das passende Foto zu.
- Zum Schluss werden die Fotos zu den passenden Texten geklebt. Hängt man sie an die Klassenwand, entsteht eine kleine Ausstellung.

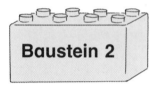

Baustein 2: „Alle sind zufrieden mit mir" – Überlegungen zur eigenen Familie anstellen

Material:

- M 1, S. 63

Unterrichtsschritte:

- Bevor die Lehrkraft das Arbeitsblatt M 1 austeilt, klärt sie mit den Kindern zwei Begriffe aus dem Text, die aus Österreich stammen und den Kindern daher wahrscheinlich nicht geläufig sind: *Rechenhausübung* (*Mathematikhausaufgabe*) und *fernschauen* (*fernsehen*).
- Anschließend bearbeiten die Kinder M 1.
- Danach werden die Arbeitsergebnisse im Unterrichtsgespräch gesammelt. Anhand des Textes und der Ergebnisse wird reflektiert, dass Menschen oft dann mit den anderen zufrieden sind, wenn diese etwas für sie tun.
- Zum Schluss werden Ideen für Situationen gesammelt, in denen alle Familienmitglieder der eigenen Familie zufrieden sein können.

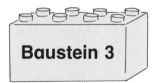

Baustein 3: „Das Foto" – Eine Geschichte stückweise erlesen

Material:

- M 2–3 als kopierte und zerschnittene Geschichtenteile, S. 64–65

Unterrichtsschritte:

- Im Vorfeld kopiert und zerschneidet die Lehrkraft die Geschichtenteile von M 2 und M 3. Die Teile von 1 bis 7 ergeben in dieser nummerierten Reihenfolge die Geschichte „Das Foto".
- Jedes Kind bekommt nun einen dieser Teile und bereitet ihn zu Hause als Lesevortrag vor. Es kennt nur seinen Teil der Geschichte. Die Kinder müssen wissen, dass sie ihren Geschichtenteil vor den anderen Kindern geheim halten müssen.

Früher und heute

- In der anschließenden Unterrichtseinheit äußern die Kinder zunächst Vermutungen bezüglich des Inhalts der Geschichte ausgehend von ihrem Geschichtenteil.
- Danach wird die Geschichte zusammengesetzt. Ein Kind, das den Geschichtenteil 1 vorbereitet hat, beginnt mit dem Vorlesen. Ein anderes Kind fährt mit Teil 2 fort, dann wird Teil 3 gelesen und so weiter. Auf diese Weise hören die Kinder dem Vorlesenden genau zu, da der eigene Geschichtenteil vervollständigt wird. Das laute Vorlesen erhält einen Sinn.
- Sollten mehrere Kinder dieselben Geschichtenteile vorbereitet haben, können diese beim Vorlesen unterteilt werden. Eventuell wird die Geschichte auch komplett noch einmal von anderen Kindern vorgelesen. Wenn die Kinderanzahl durch sieben teilbar ist, kann auch folgende Methode durchgeführt werden: Die Kinder schließen sich zu Gruppen von sieben Kindern zusammen, die je einen Geschichtenteil vorbereitet haben. Nun wird die Geschichte innerhalb dieser Gruppe vorgelesen.
- Im Unterrichtsgespräch wird anschließend überlegt, wie die Geschichte enden könnte. Die Lehrkraft liest schließlich das Geschichtenende des Autors vor:

> Mit dem Foto in der Hand fuhr Timo in Opas Zimmer. Sein Großvater war schon wach und wollte gleich wieder losschimpfen. Er dachte, Timo hätte mit seinem Rollstuhl nur herumgespielt. Schnell gab ihm Timo das Foto. „Darauf siehst du beinahe so aus wie ich", sagte er dabei leise zu ihm. Still betrachtete der Großvater das Foto, dann reichte er es Timo wieder zurück.
> „Bist du mir noch böse?", fragte Timo vorsichtig. Erst schüttelte sein Opa nur den Kopf, dann musste er plötzlich schmunzeln.
> „Das Foto soll mich wohl daran erinnern, dass ich als Kind auch kein Engel war?"
> „Warst du denn keiner?" – „Ich? Um Himmels willen! Das wäre ja ganz langweilig gewesen." – „Und?", fragte Timo da zögernd. „Hast du auch einen Opa gehabt?" – „Natürlich!" Gleich wurde Timos Opa wieder ernst. „Das war ein richtiger Familienkönig. Sehr streng war er, und geschlagen hat er auch."
>
> Timo schwieg. Sein Opa wusste trotzdem, woran er dachte. „Tut mir Leid, dass ich manchmal nicht besser bin als er."
> „Und mir tut es Leid, dass ich dich so wütend gemacht habe", entschuldigte sich Timo. „Also haben wir beide was falsch gemacht." Timos Opa sah Timo lange an. „Aber das muss ja nicht so bleiben, oder?" Und er streckte Timo die Hand hin. „Nein", sagte Timo. Und dann schlug er ein.
>
> Klaus Kordon
> Aus: Leselöwen-Opageschichten © 1995 Loewe Verlag GmbH, Bindlach.

- Eine Reflexionsmöglichkeit bietet die Vervollständigung folgender Sätze entweder im Heft oder im Gespräch:
    - „Als Timo im Rollstuhl sitzen musste, hat er gemerkt, dass …"
    - „Als Opa sein Kinderfoto gesehen hat, hat er sich erinnert, dass …"

Baustein 4: Geschichten von früher – Eine *Erzählung* schreiben und überarbeiten

Material:

- M 4, S. 66
- Wörterbuch
- evtl. Schreibhelfer

Unterrichtsschritte:

- Nachdem sich die Kinder in den vorherigen Bausteinen mit ihrer gegenwärtigen Familie beschäftigt haben, erforschen sie nun ihre Familiengeschichte. Es bietet sich an, dieses Thema im Sachunterricht zu vertiefen. Hier können beispielsweise alte Familienbilder mitgebracht und mit denen aus der Ausstellung verglichen werden. Sinnvoll ist auch, die alten Bilder mit Hilfe einer Zeitleiste zeitlich einzuordnen.
- Zu Beginn dieses Bausteins erhalten die Kinder den Auftrag, als Hausaufgabe bei den Eltern, Großeltern oder sonstigen Verwandten eine „Geschichte von früher" zu erfragen und diese in Stichworten zu notieren. Diese Geschichte soll tatsächlich geschehen sein und ein oder mehrere Familienmitglieder als handelnde Personen einschließen.
- In der anschließenden Unterrichtsstunde werden die Geschichten zunächst mit Hilfe der Stichworte erzählt. Bei einer Klasse mit vielen Kindern bietet es sich an, dies in Kleingruppen durchzuführen, damit alle Kinder die Gelegenheit zum Erzählen bekommen.

Früher und heute

- Danach erfahren die Kinder, dass die Geschichten in einem Buch mit dem Titel „Geschichten von früher" zusammengefasst werden sollen.
- Die Kinder lernen nun den Begriff *Erzählung* kennen. Die Lehrkraft erläutert den Begriff, indem sie die Kinder darauf aufmerksam macht, dass sie ihre Geschichte im Vorfeld den anderen Kindern bereits erzählt haben. Eventuell kann die Erzählung von den bereits eingeführten Textarten *Bericht* und *Sachtext* (siehe 3. Klasse, Band 1, S. 135 und S. 50/51 in diesem Band) abgegrenzt werden. Danach wird der Aufbau einer Erzählung (M 4) besprochen.
- Die Kinder schreiben ihre Geschichte als Erzählung auf.
- Anschließend lesen die Kinder ihren Entwurf einem anderen Kind vor. Dieses Kind achtet darauf, ob der Aufbau einer Erzählung umgesetzt wurde und ob es alles versteht. Eventuelle Verbesserungstipps werden notiert und umgesetzt.
- Nach der rechtschriftlichen Überarbeitung mit Hilfe des Schreibhelfers (siehe 2. Klasse, Band 1, S. 102) und des Wörterbuches werden die fertigen Erzählungen zu einem Buch zusammengefasst. In den folgenden Tagen kann immer wieder aus dem Buch vorgelesen werden.

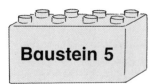

Baustein 5: Familienstammbäume – Eine Familienstruktur anhand eines Textes nachvollziehen

Material:

- M 5 als Arbeitsblatt und Folie, S. 67
- OHP

Unterrichtsschritte:

- Im Sachunterricht erstellen die Kinder einen Stammbaum ihrer Familie. In diesem Zusammenhang werden die Bezeichnungen für Verwandte (Onkel, Tante, Cousine, …) und deren Beziehungen untereinander geklärt.
- Die Kinder bearbeiten das Arbeitsblatt M 5. Aufgabe 1 wird in Partnerarbeit gelöst, da sich die Kinder so die Personen auf dem Bild gegenseitig zeigen können.
- Als Reflexion wird der Stammbaum auf der Folie im Unterrichtsgespräch mit allen Kindern ausgefüllt. Im Anschluss kann besprochen werden, dass der Stammbaum so nicht vollständig ist, sondern dass die Eltern der Groß- bzw. Urgroßeltern und die Generationen davor unbekannt bleiben. Des Weiteren fehlen Informationen über Geschwister der Eltern oder Großeltern.

Baustein 6: „Die Dorfschule von 1848" – Verben in Vergangenheit und Gegenwart setzen

Material:

- M 6 auf DIN A3 kopiert, S. 68
- M 7–9, S. 69–71

Unterrichtsschritte:

- Dieser und die folgenden Bausteine führen die Kinder weiter in die Vergangenheit. Zunächst wird die Schule in früheren Zeiten thematisiert. Vielleicht wurde dies schon in den „Geschichten von früher" (Baustein 4) angesprochen. Sollte eine solche Geschichte vorhanden sein, könnte sie als Einstieg vorgelesen werden. Die Lehrkraft sollte darauf hinweisen, dass es früher genauso wie heute unterschiedliche Schultypen und verschiedene Lehrerpersönlichkeiten gab und dass die hier besprochene Schule nur ein Beispiel ist.

Früher und heute

- Einen anderen Einstieg bildet die Betrachtung eines Bildes, das einen Klassenraum früherer Zeit zeigt (M 6). Die Kinder äußern sich frei zum Bild und beschreiben, was sie sehen und was ihnen auffällt.
- Bevor die Kinder mit der Bearbeitung der Aufgaben auf M 7 beginnen, wird ausgerechnet, wie viele Jahre seit 1848 vergangen sind. Eventuell kann überlegt werden, ob damals die Eltern der Großeltern schon gelebt haben, damit die Kinder die zeitliche Entfernung einschätzen können. Danach wird das Bild betrachtet.
- Im Anschluss daran bearbeiten die Kinder die Aufgaben auf M 7 und M 8. Als Hilfe für Kinder mit DaZ können die Verben vor Bearbeitung von M 8 gesondert betrachtet, im Präsens gebildet und notiert werden.

es gab	**es gibt**
er unterrichtete	er unterrichtet
sie standen	**sie stehen**
sie saßen	**sie sitzen**
sie waren	**sie sind**
er hatte	er hat
es hing	**es hängt**
es gehörte	es gehört
er baute	er baut

- Nach dem Vorlesen des entstandenen Präsenstextes wird thematisiert, dass der Text die gegenwärtige Situation im Klassenzimmer nicht wiedergibt. Daher erhalten die Kinder den Auftrag, ihren eigenen Klassenraum zu beschreiben. Dabei sollen sie darauf achten, in der Gegenwart zu schreiben, was in der Reflexion anhand eines Hörauftrags reflektiert wird.
- Zur Vertiefung des Themas *Verben in Gegenwart und Vergangenheit* wird M 9 bearbeitet. Kinder mit DaZ üben die hier vorkommenden Verben zuvor.

Baustein 7: Klassenordnung – Eine Meinung bilden und begründen

Material:

- M 10, S. 72

Unterrichtsschritte:

- Nachdem die Kinder in Baustein 6 einen Klassenraum aus dem Jahre 1848 betrachtet haben, lernen sie nun eine alte Klassenordnung kennen. Diese lesen sie zunächst auf M 10 und besprechen sie zu zweit.
- Anschließend wird eine Unterrichtsstunde unter Beachtung dieser Regeln durchgespielt. Hierbei spielt auch die Lehrkraft mit. Diese Phase sollte ungefähr eine Unterrichtsstunde dauern, damit die Kinder spüren, wie es ist, die Regeln einzuhalten. Eventuell kann auch ein ganzer Schultag derartig gestaltet werden.
- Nun bearbeiten die Kinder die Aufgabe 2 von M 10.
- Im Anschluss werden einige Beiträge vorgelesen und im Unterrichtsgespräch gesammelt, welche Unterschiede durch die Regeln von früher im Gegensatz zu den gewohnten Regeln entstanden sind und welche Vor- und Nachteile dies hat. Eventuell wird nach Absprache die bestehende Klassenordnung ergänzt.
- Als Hausaufgabe bearbeiten die Kinder Aufgabe 3. Hier werden einerseits die Erzählung (Baustein 4) und andererseits die Zeitform Vergangenheit (Baustein 6) aufgegriffen.

Früher und heute

Sütterlin – In einer alten Schrift schreiben und lesen

Material:

- M 11, S. 73
- Füller

Unterrichtsschritte:

- Die Kinder erfahren, dass die Kinder früher in der Schule eine andere Schrift erlernten als heute. Oft haben sicherlich auch schon die Eltern eine andere Schrift gelernt. Hier lernen die Kinder auf M 11 Sütterlin kennen.
- Indem die Kinder die Aufgaben 1 und 2 bearbeiten, machen sie eigene Erfahrungen mit der für sie fremden Schrift. Der Text von Aufgabe 2 lautet:

> *Die Eisenbahn ist ein Verkehrsmittel. Die Lokomotive bewegt den Zug. Derselbe besteht aus Pack- oder Personenwagen. Es gibt Güter- und Personenzüge. Der Zug bewegt sich auf dem Geleise oder auf den Schienen.*

- Fächerübergreifend können die Kinder im Kunstunterricht die Sütterlinschrift mit der Tuschefeder schreiben oder auch andere Schriften ausprobieren. Ein geeignetes Buch mit Schriftvorlagen findet sich in den kommentierten Literaturhinweisen.

Kinderverse – Wiederholung der Silbentrennung

Material:

- M 12, S. 74

Unterrichtsschritte:

- In den folgenden Bausteinen werden Spiele von früher zum Unterrichtsgegenstand. Zunächst werden Abzählreime und Kinderverse betrachtet. Es bietet sich an, dabei zunächst bekannte Reime und Verse zu sammeln.
- Die Kinder erhalten M 12 und bearbeiten die zugehörigen Aufgaben. Eventuell muss zuvor wiederholend auf die Silbentrennung eingegangen werden (siehe 2. Klasse, Band 2, S. 16).
- Als Hausaufgabe lernen die Kinder einen Vers auswendig.

„1, 2, 3, wer hat den Ball" – Selektives Lesen üben und eine Spielanleitung schreiben

Material:

- M 13, S. 75
- Bälle

Unterrichtsschritte:

- Die Kinder lesen den Text von M 13. Anschließend werden unbekannte Begriffe geklärt.
- Nun erhalten die Kinder den Auftrag, das Spiel „1, 2, 3, wer hat den Ball" zu spielen. Sie sollen dabei nicht die Geschichte nachstellen.

Früher und heute

- Die Kinder teilen sich in Gruppen ein. Jede Gruppe erhält einen Ball und geht in die Turnhalle oder auf den Schulhof, erliest und bespricht die Spielregeln und spielt das Spiel. Die Lehrkraft erkennt anhand des Spiels, ob der Text richtig gelesen und verstanden wurde.
- Im weiteren Verlauf schreiben die Kinder eine Spielanleitung für das Spiel „1, 2, 3, wer hat den Ball". Die fertigen Spielanleitungen können beispielsweise einer Parallel- oder Partnerklasse übergeben werden, die das Spiel anhand der Anleitungen ausprobiert. Deren Reaktion bezüglich der Verständlichkeit der Regeln werden als Reflexionsgrundlage genutzt.

 **„Ringel, ringel, reite" – Ein Spiel erfinden und die Spielanleitung dazu schreiben**

Material:

- M 14, S. 76
- evtl. Spielgeräte

Unterrichtsschritte:

- In diesem Baustein nutzen die Kinder ihre Erfahrungen bezüglich des Verfassens einer Spielanleitung aus dem vorhergehenden Baustein.
- Die Kinder lesen den Vers und die Aufgabenstellung von M 14. Anschließend probieren sie in kleinen Gruppen verschiedene Spielmöglichkeiten zu dem Vers aus.
- Jedes Kind entscheidet sich für eine Spielmöglichkeit und schreibt eine Spielanleitung dazu.
- Im weiteren Verlauf werden die Anleitungen ausgetauscht und wiederum in kleinen Gruppen erprobt. Anschließend werden die Verständlichkeit und die Durchführbarkeit der Vorschläge reflektiert.

Lernwörter

der	**Bruder**, die Brüder	die	**Mutter**, die Mütter
der	**Cousin**, die Cousins	der	**Onkel**, die Onkel
die	**Cousine**, die Cousinen	die	**Schule**, die Schulen
	erzählen, er erzählt	die	**Schwester**, die Schwestern
die	**Familie**, die Familien		**spielen**, er spielt
die	**Geschwister**	der	**Stammbaum**, die Stammbäume
die	**Großmutter**, die Großmütter	die	**Tante**, die Tanten
der	**Großvater**, die Großväter		**unterrichten**, er unterrichtet
das	**Jahr**, die Jahre	der	**Vater**, die Väter
der	**Lehrer**, die Lehrer		**verwandt** sein, er ist verwandt
die	**Lehrerin**, die Lehrerinnen	der	**Verwandte**, die Verwandten

Früher und heute

Möglichkeiten der Lernerfolgskontrolle

Sprachlicher Schwerpunkt der Reihe ist die Textform *Erzählung*. Inhalte für Erzählungen finden sich im Themengebiet *Früher und heute* viele. So können zum Beispiel eigene Erlebnisse aus der früheren Kindheit in einer Erzählung umgesetzt werden. Oder ein Bild wird wie in Baustein 6 oder 7 zum Erzählanlass.
Weiterhin können Verben in Gegenwart und Vergangenheit zum Thema einer Lernerfolgskontrolle werden, indem die Kinder einen Text aus dem Präteritum ins Präsens setzen.

Kommentierte Literaturhinweise

Für die Lehrkraft:

- de Goede, Julius: Kalligraphie für Einsteiger. Schönschreiben lernen – Lehrbuch. Augsburg: Augustus 1990.

  Dieses Buch bietet mit vielen Hintergrundinformationen zunächst Anleitungen zu einführenden Schreibübungen mit verschiedenen Schreibutensilien in einfachen Schriften. Im zweiten Teil des Buches werden unterschiedliche Schriften vorgestellt, oft mit vorgegebener Schreibrichtung.
  Das Buch eignet sich nicht als Übungsmaterial für Kinder, bietet aber der Lehrkraft viele Vorlagen für schöne Schriften.

Für die Kinder:

- Waldis, Angelika: Tita und Leo. Eine Feriengeschichte. Zürich: Haffmans 1999.

  Tita, ein zwölfjähriges Mädchen, findet im Keller ihres Ferienhauses ein geheimnisvolles Fenster. Das Fenster führt in eine andere Zeit, und zwar genau 100 Jahre zurück in die Vergangenheit. Hier lernt Tita Leo kennen. Bei ihren gegenseitigen Besuchen erkunden die beiden Kinder, was sich in 100 Jahren alles ändert. Zum Vorlesen geeignet.

- www.hamsterkiste.de

  Unter „Lerngeschichten ab Klasse 3" findet man das Kapitel „Als Omas Oma zur Schule ging". Hier können sich die Kinder verschiedene Texte und Bilder zum Thema Schule, wie sie früher war, anschauen.

Name: Datum: **M 1**

Alle sind zufrieden mit mir

Die Mama ist zufrieden mit mir,
wenn ich im Haushalt helfe.
Der Papa ist zufrieden mit mir,
wenn ich gute Noten habe.
Der große Bruder ist zufrieden
mit mir, wenn ich ihm von
meinem Taschengeld
etwas abgebe.
Die kleine Schwester
ist zufrieden mit mir,
wenn ich ihre
Rechenhausübung mache.
Die Oma ist zufrieden mit mir,
wenn ich nicht fernschaue
und nicht Radio höre.
Wahrscheinlich ist es sehr ungerecht von mir,
wenn *ich* mit ihnen allen *nicht* zufrieden bin!

Christine Nöstlinger

1 *Wann sind deine Familienmitglieder zufrieden mit dir?*

2 *Wann bist du zufrieden mit deiner Familie?*

"Das Foto" (1. Teil) M 2

Das Foto

Timo mochte seinen Opa lange nicht.
Timos Eltern waren beide den ganzen Tag arbeiten. Wenn Timo von der Schule nach Hause kam, war nur sein Großvater da. Entweder saß er vor dem Fernseher, oder er las in der Zeitung. Und fast immer war Timos Opa schlecht gelaunt. „Bring mir ein Glas Milch", sagte er zu Timo. Oder: „Hol mir mal schnell die neue Fernsehzeitung." Oder: „Schließ das Fenster. Es ist kalt."
Timo erledigte jedes Mal alles sehr schnell. Sein Opa saß seit zwei Jahren im Rollstuhl. Er konnte nicht mehr selbst gehen. Aber sosehr Timo sich auch beeilte, seinem Opa war er immer viel zu langsam. Und deshalb schimpfte er oft. Timo gab sich große Mühe, nicht die Geduld zu verlieren. Obwohl ihm das manchmal sehr schwer viel.

Eines Tages aber verlor er sie doch. Sein Opa hatte ihm aus dem Wohnzimmer zugerufen, dass er mal schnell für ihn Zigaretten holen sollte. Timo machte gerade Schularbeiten. Eine schwierige Rechenaufgabe. Er bekam sie einfach nicht heraus. Deshalb reagierte er nicht auf das Rufen seines Opas. Da kam Timos Opa im Rollstuhl zu ihm gefahren. „Timo!", rief er zornig in der Tür. „Sitzt du auf deinen Ohren?" – „Ich hab' jetzt keine Zeit, Zigaretten zu holen", antwortete Timo, ohne sich umzudrehen. „Wie bitte?!" Timos Opa glaubte, sich verhört zu haben. „Ich hab' jetzt keine Zeit", schrie Timo da auf einmal los. „Muss Schularbeiten machen. Und die sind schwer."

Einen Moment lang wusste sein Opa nicht, was er sagen sollte. Dann wurde er wütend. „Wenn du nicht gleich mit den Zigaretten wieder hier bist, wirst du was erleben."
„Von mir aus." Timo tat, als rechnete er weiter an seinen Aufgaben herum. In Wahrheit standen ihm längst die Tränen in den Augen. Da kam sein Opa mit einem Mal auf ihn zugefahren und hob die Hand. Timo sprang auf und lief fort. Sein Opa kam ihm nachgefahren. Aber natürlich war Timo viel flinker als der alte Mann im Rollstuhl und entwischte ihm immer wieder. Und einmal lachte er dabei sogar laut und rief: „Du kriegst mich ja doch nicht. Du kriegst mich ja doch nicht."

Da stoppte sein Opa den Rollstuhl und sah Timo nur stumm an. Danach fuhr er still ins Wohnzimmer zurück. Timo schämte sich sehr. Schnell lief er seinem Opa nach und entschuldigte sich. „War ja gar nicht so gemeint. Gib mir das Geld. Ich hol' die Zigaretten." Der Großvater starrte nur stumm vor sich hin. „Bitte, Opa! Gib mir das Geld. Ich geh' auch gleich los. War doch alles nur Spaß."
„Verlass das Zimmer." Wie zu einem Fremden sprach Timos Opa nun zu Timo. Timo zögerte noch ein Weilchen, dann ging er. Traurig setzte er sich an seinen Schreibtisch und legte den Kopf auf das Heft mit den Rechenaufgaben. Dabei wurde das Heft ganz nass von seinen Tränen.

„Das Foto" (2. Teil) — M 3

Als an diesem Abend die Eltern kamen, beschwerte sich Timos Opa über Timo. Wenn sie ihn hier nicht haben wollten, sagte er, ginge er eben ins Altersheim. Der nächste Tag war ein Samstag. Die Eltern mussten nicht zur Arbeit. Als Timo aus der Schule kam, war die Stimmung gedrückt. Still ging Timo in sein Zimmer und schloss die Tür hinter sich. Seinetwegen konnte der Opa ruhig in ein Altersheim ziehen. Hier stänkerte er ja doch nur herum. Auch das Mittagessen verlief schweigsam, und danach legte sich Timos Opa mit bösem Gesicht zum Nachmittagsschlaf hin.

Kaum war er eingeschlafen, fuhr die Mutter seinen Rollstuhl in Timos Zimmer. „Setz dich rein", bat sie Timo. Timo wollte erst nicht, aber die Mutter blieb unnachgiebig. Also tat Timo ihr schließlich den Gefallen. Und dann fuhr er im Rollstuhl ein bisschen in seinem Zimmer hin und her. „Macht Spaß, nicht wahr?", fragte die Mutter. Timo zuckte nur die Achseln und wollte wieder aussteigen. Da bat ihn die Mutter, drin sitzen zu bleiben. Und zwar so lange, bis sein Opa wieder wach war.

- ✂

„Wozu denn?" Timo fühlte sich nicht wohl in dem Stuhl. „Weil ich möchte, dass du weißt, wie Opa manchmal zumute ist." Timo überlegte einen Augenblick. Dann tat er, als würde ihm das Sitzen im Rollstuhl gar nichts ausmachen. Bis er auf die Toilette musste. Da wollte er aufstehen, aber seine Mutter sagte: „Nicht aufstehen! Im Rollstuhl hinfahren." Timo wagte nicht, sich zu beschweren, und fuhr im Rollstuhl zur Toilette. Und als er sich später was zu trinken holen wollte, musste er auch das im Rollstuhl tun.

Kurz darauf klingelte Christian. Er wollte Timo zum Fußballspielen holen. Aber Timos Mutter schüttelte den Kopf. „Fußball spielen? Im Rollstuhl? Das geht nicht. Noch ist Opa ja nicht wieder wach."

- ✂

Timo antwortete nichts darauf. Er hatte längst begriffen, was die Mutter ihm klar machen wollte: Wenn ihm bereits eine einzige Stunde im Rollstuhl so schwer fiel, wie musste dann seinem Opa zumute sein, der den ganzen Tag nicht aus dem Stuhl heraus kam? Traurig fuhr Timo im Rollstuhl ans Fenster und sah von dort aus zu, wie die Jungen Fußball spielten.

Schließlich kam sein Vater zu ihm. Er brachte ein altes Foto mit. Auf dem war Timos Opa ungefähr so alt wie Timo jetzt.

„Bring es Opa", bat sein Vater. „Aber bring es ihm im Rollstuhl. Vielleicht begreift er dann, was er falsch gemacht hat."

Name: Datum: **M 4**

So schreibt man eine Erzählung

Wenn man eine Erzählung schreibt, möchte man **jemanden etwas miterleben lassen**. In eine Erzählung gehören deshalb **Erlebnisse, Gefühle und Gedanken**!

Eine Erzählung besteht aus drei Teilen: **Einleitung**, **Hauptteil** und **Schluss**.

Teil 1: Einleitung

In der Einleitung erzählst du dem Leser

Wer die Hauptpersonen in deiner Geschichte sind,

Wo sie sich gerade befinden,

Wann die Geschichte stattfindet und

Was geschieht.

Teil 2: Hauptteil

Im Hauptteil erreicht deine Erzählung ihren Höhepunkt.
Das ist der spannendste Teil der Geschichte, den du ausführlich beschreiben kannst. Um die Spannung zu erhöhen, kannst du folgende Tipps benutzen:

Beschreibe Gefühle und Gedanken!
„Was soll ich bloß tun?", dachte er.
Ängstlich klammerte er sich an der Dachrinne fest.

Benutze wörtliche Rede!
„Ich bin hier oben!", rief ich.
„Wo denn? Ich kann dich nicht sehen!", antwortete er verzweifelt.

Verwende Fragen und Ausrufesätze!
Endlich gerettet! Und nun?

Beschreibe mit Adjektiven!
Der böse, alte Mann mit den schiefen Zähnen
und zotteligen Haaren öffnete die Tür.

Teil 3: Schluss

Im Schlussteil erzählst du, wie deine Geschichte endet.

Vergiss nicht, dir eine Überschrift für
deine Geschichte zu überlegen.

Name: Datum: **M 5**

Das ist meine Familie

Ganz vorne in der Mitte, das Mädchen mit dem Ringelpulli, das bin ich, Melina. Rechts neben mir steht mein großer Bruder Nick. Auf der anderen Seite von mir siehst du meinen kleinen Bruder Pascal, der mit dem Daumen im Mund. Hinter ihm lächelt meine Mama Sandra in die Kamera. Mein Papa Georg hat ihr den Arm um die Schulter gelegt, siehst du? Neben ihm sitzt seine Mutter Gertrud, meine Oma. Hinter ihr, das ist ihr Mann, mein Opa Josef.
Siehst du auch meine anderen Großeltern? Sie stehen neben meiner Mutter. Meine Oma heißt Henriette und mein Opa Hermann. Henriette ist die mit dem Hut. Und neben Hermann sitzt noch meine Uroma Helene. Sie ist die Mutter von Henriette. Ihr Mann Paul ist leider schon lange tot.

1 Überlegt zusammen, wer die Personen auf dem Foto sind.

2 Fülle den Stammbaum für Melinas Familie aus.

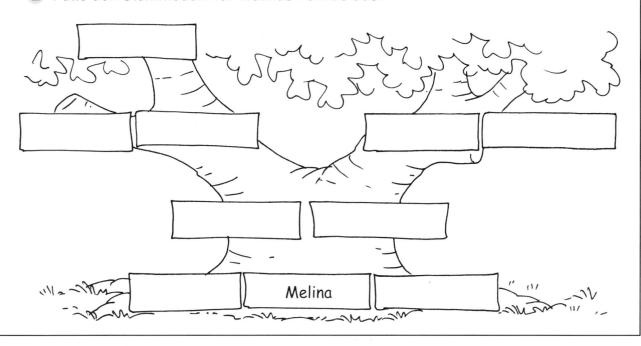

KOPIERVORLAGE

Schule früher

M 6

Name: Datum: **M 7**

Die Dorfschule von 1848

Dieses Bild hat der Schweizer Maler Albert Anker gemalt. Er hat es „Die Dorfschule von 1848" genannt. Es zeigt eine Schule vor mehr als 150 Jahren.

Unsere Schule

Es gab keine verschiedenen Klassen, sondern der Lehrer unterrichtete alle Kinder zusammen in einem Raum. Die Tische der Kinder standen hintereinander. Die Kinder saßen auf Bänken ohne Lehne. Mädchen und Jungen waren getrennt. Der Lehrer hatte einen Stock in der Hand. Es gab keine Tafel und keine Bilder an den Wänden. Stattdessen hing an der Wand Werkzeug, das dem Lehrer gehörte. Mit dem Werkzeug baute er nachmittags Holzfässer, denn er hatte neben dem Lehrerberuf auch noch den eines Küfers, eines Fassmachers.

● *Der Text ist in der Vergangenheit geschrieben.*
Unterstreiche alle Verben.

> **Verben** können ihre Form verändern.
> Sie zeigen an, ob etwas jetzt gerade passiert **(Gegenwart)**
> oder ob etwas schon passiert ist **(Vergangenheit)**.

Name: Datum: **M 8**

Unsere Schule

Stell dir vor, ein Kind von damals erzählt von seiner Schule.

● *Schreibe den Text „Unsere Schule" in der Gegenwart.
Dazu musst du alle Verben, die du unterstrichen hast,
in der Gegenwart schreiben.*

Es gibt keine verschiedenen Klassen, sondern

Name: Datum: **M 9**

Schule früher und heute

Verben können ihre Form verändern.
Sie zeigen an, ob etwas jetzt gerade passiert **(Gegenwart)**
oder ob etwas schon passiert ist **(Vergangenheit)**.

Setze die Verben in den Klammern in der passenden Form ein.

Vergangenheit früher	**Gegenwart** heute
1848 _____ (werden) alle Kinder in einem Klassenzimmer unterrichtet.	Heute _____ (werden) die Kinder in Klassen eingeteilt.
Der Lehrer _____ (haben) einen Stock und benutzte ihn, um Kinder zu bestrafen.	Der Lehrer _____ (haben) einen Stock, um auf Dinge zu zeigen.
Die Bänke der Kinder _____ *(stehen)* in Reihen hintereinander.	Die Tische der Kinder _____ *(stehen)* so, dass die Kinder einander sehen können.
Mädchen und Jungen _____ *(sitzen)* voneinander getrennt.	Mädchen und Jungen _____ *(sitzen)* nicht getrennt, sondern oft nebeneinander.
Es _____ *(geben)* keine Tafel und keine Bilder an den Wänden.	Es _____ *(geben)* eine Tafel in jeder Klasse und viele Bilder an den Wänden.

Name: Datum: M 10

Eine Klassenordnung vor 100 Jahren

- Wenn der Lehrer den Raum betritt, stehen alle auf und begrüßen ihn im Chor.
- Zum Unterrichtsbeginn und zum Schulschluss wird gebetet.
- Jeder sitzt auf seinem Platz.
- Sprechen, Flüstern, Lachen und Umherlaufen sind verboten.
- Die Unterarme liegen auf dem Tisch und die Hände werden gefaltet.
- Wer etwas sagen möchte, zeigt auf und wartet, bis der Lehrer ihn aufruft.
- Wer etwas sagt, steht auf und stellt sich neben seine Bank.
- Ein Schüler, der diese Ordnung nicht einhält, muss nachsitzen oder eine Strafarbeit machen.
- Besonders fleißige Schüler bekommen ein Fleißkärtchen.
  10 Fleißkärtchen können gegen ein Heiligenbildchen eingetauscht werden.

1 Lest die Klassenordnung.
Besprecht, was damals anders war als bei euch heute.
Gibt es auch etwas, was gleich ist?

2 Schreibe in dein Heft:
Welche Klassenordnung findest du besser, die von früher oder die von euch heute?
Begründe deine Meinung.

3 Schreibe eine Erzählung zu dem Bild.
Schreibe in der Vergangenheit.

Hier siehst du ein Heiligenbildchen von früher.
Auf der Rückseite hatte der Lehrer der Schülerin Irene etwas aufgeschrieben. Kannst du es lesen?

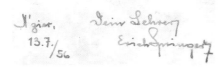

Name: Datum: **M 11**

Sütterlin

Die Oma von deiner Oma lernte in der Schule eine andere Schrift als du heute.
Diese Schrift heißt Sütterlin oder Deutsche Schrift.

a	b	c	d	e	f	g	h	i	j	k	l	m
n	o	p	q	r	s	t	u	v	w	x	y	z
A	B	C	D	E	F	G	H	I	J	K	L	M
N	O	P	Q	R	S	T	U	V	W	X	Y	Z

1 Schreibe deinen Namen in Sütterlin.

2 Versuche, den folgenden Text zu lesen.
Er wurde von einem neunjährigen Mädchen im Jahr 1900 geschrieben.

> Die Eisenbahn
> Die Eisenbahn ist ein Verkehrsmittel.
> Die Lokomotive bewegt den Zug.
> Daneben besteht aus Pack= oder
> Personenwagen. Es gibt Güter=
> und Personenzüge. Der Zug
> bewegt sich auf den Gleisen oder
> auf den Schienen.

KOPIERVORLAGE

Name: Datum: **M 12**

Kinderverse von früher

Kniereiterlied

Müller, Müller, Maler.
Die Mädchen kriegen 'nen Taler.
Die Jungen kriegen ein Reiterpferd,
das ist wohl tausend Taler wert.

Auf dem Berge Sinai
saß der Schneider Kikeriki.
Seine Frau, die Margarete,
saß auf dem Balkon und nähte,
fiel herab, fiel herab, und du bist ab.

Reigenlied

Petersilie, Suppenkraut
wächst in unserm Garten.
Unser Ännchen ist die Braut,
soll nicht lang mehr warten.
Roter Wein, weißer Wein,
morgen soll die Hochzeit sein.

Wollt ein Schmied ein Pferd beschlagen.
Wie viel Nägel muss er haben?
drei – sechs – neun!
Jung, hol Wein!
Knecht, schenk ein!
Herr, trink aus!
Du bist raus.

Spruch für die Mutter

Was soll ich dir sagen?
Was soll ich dir geben?
Ich hab' ein so kleines, so junges Leben.
Ich hab' ein Herz, das denkt und spricht:
Ich hab' dich lieb.
Mehr weiß ich nicht.

1 Suche dir einen Vers aus, der dir gut gefällt.
Sprich ihn laut und klatsche dazu im Rhythmus der Silben.

2 Schreibe den Vers ab und trenne nach jeder Silbe.
Zum Beispiel: Mül-ler, Mül-ler, Ma-ler.

Aus einem Lesebuch von 1955

Nun scheint die liebe Sonne wieder warm. Dann können die Kinder draußen spielen und springen. Christian, Maria, Karl, Emil, Christine und viele andere sind auf dem Hofe. Sie spielen: „1, 2, 3, wer hat den Ball?" Christian wirft zuerst. Er steht mit dem Rücken zu den Kindern. Der Ball fliegt weit nach hinten. Alle laufen rasch dahin und wollen ihn haschen. Christine ist zuerst da. Sie hebt den Ball auf. Nun legen die Kinder die Hände auf den Rücken und rufen laut:

„1, 2, 3, wer hat den Ball?
Wer den Mund nicht halten kann,
ist ein dummer Eselsmann."

Christian dreht sich um und ruft: „Karl!" Da lachen die Kinder, denn Karl hat den Ball nicht, sondern Christine. Sie wirft den Ball zurück und Christian muss noch einmal werfen und raten. Diesmal fliegt der Ball noch weiter. Jeder will ihn haben. Plumps, liegen alle Kinder über dem Ball auf der Erde. Emil hat ihn. Und nun rufen die Kinder wieder:

„1, 2, 3, wer hat den Ball?
Wer den Mund nicht halten kann,
ist ein dummer Eselsmann."

Als Christian sich umdrehte, ließ Emil den Ball fallen. Da konnte Christian leicht raten und rief: „Emil." Nun musste Emil den Ball werfen und raten.

Name: Datum: M 14

Ringel, ringel, reite

Ringel, ringel, reite!

Anne Marie
fall auf die Knie!
Steh wieder auf!
Mach einen Lauf!
Wasche die Hände!
Trockne sie ab!
Steck sie in die Seite!
Ringel, ringel, reite.

Diesen Vers findet man in einem Lesebuch aus dem Jahre 1955.

Leider fehlt eine Spielanleitung dazu.

• *Erfinde ein Spiel zu dem Vers.*

4. Unterrichtsreihe: Tiere im Zoo

(ca. 10–13 Unterrichtsstunden)

Ziele

Mündliches Sprachhandeln

- Gedichte vortragen

Schriftliches Sprachhandeln

- eine Wegbeschreibung verfassen
- mit Schrift gestalten
- Gedichte nach vorgegebenen Strukturen verfassen

Rechtschreiben

- das Wörterbuch nutzen

Umgang mit Texten und Medien

- Leerstellen eines Gedichtes rekonstruieren
- Analogiegedichte verfassen

Sprache reflektieren

- die Unterscheidung der Wortarten Nomen, Adjektiv und Verb festigen
- Wortfelder zu Verben der Fortbewegung von Tieren entwickeln
- die Einsicht in die Bildung zusammengesetzter Nomen vertiefen
- die Steigerung von Adjektiven üben
- Reimwörter finden und dabei Klang und Schreibung vergleichen

Bausteine der Unterrichtsreihe

1. Ein Besuch im Zoo – Wege beschreiben und Beobachtungsaufgaben benennen
2. Tiere im Zoo – Ein Abc-darium erstellen
3. Wer, wie, was ist mein liebstes Zootier – Wiederholung der Wortarten
4. Wie Tiere sich bewegen – Wortfelder zu Verben der Fortbewegung
5. Tier-Rekorde – Übungen zur Steigerung von Adjektiven
6. „Neue Bildungen, der Natur vorgeschlagen" – Kreativer Umgang mit zusammengesetzten Nomen
7. Tierisch gute Gedichte – Angebote zum kreativen Umgang mit Reimen und Gedichten

Didaktischer Kommentar

Die vorliegenden Bausteine beschäftigen sich schwerpunktmäßig mit sprachlichen Aspekten des Themas Zootiere, d. h. sie sind als Ergänzung zum Sachunterricht konzipiert, der die notwendigen Sachinformationen vermitteln soll über unterschiedliche Tierarten, natürlichen Lebensraum, artgerechte Haltung im Zoo sowie die Kategorisierung der Tierarten. Ergebnisse einer solchen Unterrichtsreihe können Texte sein, die die Kinder über ein selbst ausgewähltes Tier verfasst haben, nachdem sie sich in Sachbüchern und im Internet informiert haben. Als Vorbereitung für solche Texte dienen vor allem die Bausteine 2–5, weil darin der notwendige Wortschatz erarbei-

Tiere im Zoo

tet wird sowie Übungen zu Grammatik und Rechtschreibung mit dem entsprechenden Wortmaterial durchgeführt werden.

In Ergänzung zur sachorientierten Beschäftigung mit Zootieren liefern die Bausteine 6 und 7 einen (sprach-)spielerischen Zugang zum Thema, indem die Kinder Wortschöpfungen und Reime finden, die Leerstellen eines Gedichtes rekonstruieren, Analogietexte und eigene Gedichte verfassen. Auch dafür dienen die Grammatik- und Rechtschreibübungen als Grundlage. Anreiz für die stilistische und rechtschriftliche Überarbeitung der Gedichte sowie eine ausdrucksvolle äußere Gestaltung ist die Veröffentlichung in einem gemeinsamen Buch, auf der Schulhomepage, in der Schülerzeitung oder auf einem Schmuckplakat.

Indem die Kinder Zeichnungen zu ihren Texten anfertigen bzw. die Cadavre-ex-quis-Zeichnungen aus Baustein 6 als Einstieg für eigene kreative Wortschöpfungen nutzen, werden fächerverbindende Bezüge zum Kunstunterricht hergestellt.

Zusätzlich können Tierdarstellungen aus der bildenden Kunst in Form von Nach- oder Umgestaltungen thematisiert werden: Von Albrecht Dürers „Rhinoceros" über die expressionistischen Bilder von Franz Marc, Pablo Picassos Skulptur „Pavian mit Jungem", Oskar Kokoschkas „Mandrill", Max Ernsts surreale Vermischungen von Mensch und Tier, die Dschungel-Szenarien von Henri Rousseau, Alexander Calders Drahtskulpturen, Georg Baselitz' „Adler" bis zu Damien Hirsts Fischen und Haien in Formaldehyd.

Aufgrund der unterschiedlichen Auffassungen von und Beziehungen zu Tieren der einzelnen Künstler können die Werke impulsgebend für eigene Geschichten, Gedichte etc. sein. „Der Karneval der Tiere" kann in Verbindung mit dem Musikunterricht in die Reihe einbezogen werden (siehe kommentierte Literaturhinweise).

Bausteine der Unterrichtsreihe

Baustein 1 — Ein Besuch im Zoo – Wege beschreiben und Beobachtungsaufgaben benennen

Material:

- M 1 als Arbeitsblatt und Folie, S. 86
- M 2, S. 87
- OHP
- farbige Folienstifte

Unterrichtsschritte:

- Dieser Baustein ist besonders als Vorbereitung auf einen Zoobesuch geeignet.
- Zunächst erhalten die Kinder Gelegenheit zur Betrachtung des Zooplans von M 1 oder die Kopie eines Originalplans des Zoos, der besucht werden kann (viele Zoos veröffentlichen Wegepläne auf ihren Internetseiten, siehe www.zoos.de).
- Die Kinder äußern Eindrücke zur Größe des Geländes und zur Vielfalt der Tiere bzw. benennen die einzelnen Tierarten. Sie nennen Wünsche, welche Tiere sie bei einem Zoobesuch sehen möchten.
- Anschließend lesen die Kinder auf dem Arbeitsblatt M 2 den Text „Daniel & Daniel". Sie äußern sich dann zu den beiden unterschiedlichen „Herangehensweisen" an den Zoobesuch, z. B. bei einem Rundgang möglichst viele verschiedene Tiere zu sehen oder sich gezielt wenige Tiere auszusuchen und diese genau zu beobachten und sich über sie zu informieren.
- Bei der folgenden Einzel- oder Partnerarbeit sollen die Kinder sich darüber klar werden, wie sie einen Zoobesuch gerne gestalten würden, und anhand des Plans einen realen oder fiktiven Zoobesuch planen. Sie beschreiben die Wege, die sie durch den Zoo gehen, und benennen die Tiere, die sie dort sehen werden. Darüber hinaus erklären sie, was sie über einzelne Tierarten erfahren und beobachten möchten.
- Bei der Präsentation und Reflexion liest das Autorenkind seinen Text vor, während ein anderes Kind versucht, auf dem OHP die Wege auf dem Zooplan mit einem farbigen Folienstift zu verfolgen. Dabei wird deutlich, ob

Tiere im Zoo

die Wegbeschreibung im Text logisch und vollständig ist. Außerdem kann die Unterschiedlichkeit der gewählten Wege mit verschiedenen Farben visualisiert werden.
- Als zusätzliche DaZ-Übung zu Ortsangaben und Präpositionen können den Kindern z. B. Aufgabenstellungen folgender Art gestellt werden: Beschreibe den Weg von den Löwen zu den Pinguinen. Wie kommt man von den Pinguinen zu den Zebras?
- Zur inhaltlichen Vorbereitung auf einen Zoobesuch schreiben die Kinder ihre Beobachtungsaufgaben nochmals in Form von Fragen auf. Außerdem informieren sie sich vorab auf der Zoohomepage (auf zahlreiche Internetseiten wird unter www.zoos.de verwiesen).
- Außerdem sollten mit allen Kindern Regeln für den Zoobesuch besprochen werden: Rundgang in kleinen Gruppen, Tiere nicht füttern und nicht durch lautes Schreien und plötzliche Bewegungen erschrecken, nicht über Absperrungen steigen etc.

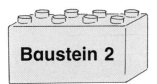

Tiere im Zoo – Ein Abc-darium erstellen

Material:

- M 3, S. 88
- Sachbücher über Zootiere
- Wörterbücher

Unterrichtsschritte:

- Dieser Baustein kann sowohl als Vorbereitung als auch im Anschluss an einen Besuch im Zoo oder Tierpark eingesetzt werden.
- Die Kinder erhalten die Aufgabe, ein Abc-darium mit Zootieren zu erstellen. Dazu können sie Sachbücher und Lexika zu Hilfe nehmen. Je nach Vorwissen sollte auf eine genaue Artenbezeichnung geachtet werden.
- Anschließend wird das Abc-darium mit Hilfe von Wörterbüchern oder Lexika rechtschriftlich überarbeitet, damit diese Liste als Arbeitsgrundlage für die folgenden Bausteine verwendet werden kann.
- Für Kinder mit DaZ werden Tierbilder mit Nomen und Artikel beschriftet. Damit können verschiedene Übungen durchgeführt werden, z. B.
  - „Ich sehe was, was du nicht siehst",
  - Tiere nach bestimmten Merkmalen ordnen (Lebensraum, Tiergattungen, Fleischfresser/Pflanzenfresser …),
  - Übungen zur Pluralbildung („Ich habe ein Kamel gesehen. Wie viele Kamele hast du gesehen?")
- Als Weiterführung können die Herkunftssprachen von Kindern mit DaZ und die gelernte Fremdsprache einbezogen werden, indem die Tiernamen in verschiedenen Sprachen aufgelistet werden. Dabei werden Unterschiede und Ähnlichkeiten gefunden.

Wer, wie, was ist mein liebstes Zootier – Wiederholung der Wortarten

Material:

- Papier
- evtl. Sachbücher
- M 4–5, S. 89–90

Tiere im Zoo

Unterrichtsschritte:

- Als Einstieg wird ein Akrostichon gemeinsam betrachtet und vorgelesen, so dass die Kinder sich an das Prinzip des Akrostichons erinnern. Es sollte hier darauf hingewiesen werden, dass die Kinder in jede Zeile auch mehrere Wörter schreiben dürfen.

    Beispiel:
    A lbern
    F rech
    F risst Bananen
    E ntlaust seine Kinder

- Jedes Kind sucht sich ein Zootier aus und schreibt dazu ein Akrostichon.
- Beim Vorlesen einiger Akrostichen wird darauf geachtet, ob die gefundenen Begriffe im Zusammenhang zu dem jeweiligen Tier stehen.
- Im Anschluss daran malen die Kinder ihr Tier auf M 4 und suchen weitere Begriffe, die zu ihrem Tier passen. Diese werden nach Wortarten sortiert in die Tabelle eingetragen. Als Hilfe zum Finden weiterer Wörter sind Leitfragen angegeben. Darüber hinaus können die Kinder Wörter aus entsprechenden Sachbüchern heraussuchen.
- In Kleingruppen von zwei bis vier Kindern wird kontrolliert, ob die Wörter den Wortarten richtig zugeordnet wurden. Dazu erhalten die Kinder eine Checkliste mit Merksätzen zu den Wortarten (M 5). Außerdem kontrollieren sie die Groß- und Kleinschreibung.
- Für das Lernwörtertraining wählen die Kinder aus ihrer Wortliste fünf bis acht Wörter aus, die sie neben den vorgegebenen Lernwörtern selbstständig mit Hilfe der bekannten Übungsformen (richtiges Abschreiben, Dosendiktat, Partnerdiktat, Schleichdiktat, alphabetisches Ordnen) trainieren.
- Die Wörtersammlung zu den einzelnen Tieren kann zu einer Kartei zusammengestellt werden, die zum Erfinden von Geschichten und Gedichten genutzt werden kann (siehe Märchenkartei im Kapitel Märchen, S. 15).

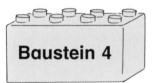

Baustein 4: Wie Tiere sich bewegen – Wortfelder zu Verben der Fortbewegung

Material:

- M 6, S. 91
- Wortkarten
- Plakat mit der Überschrift „Tiere im Wasser"/„Tiere in der Luft"/„Tiere an Land"
- evtl. Sachbücher

Unterrichtsschritte:

- Die Kinder lesen die Sätze von M 6 und äußern sich zur Wortwahl der Sätze. Sie begründen, warum die Sätze komisch klingen und suchen treffende Ausdrücke. Die verschiedenen Vorschläge werden an der Tafel festgehalten. Mit Hilfe dieser Ausdrücke schreiben die Kinder die Sätze neu.
- Bei der Begründung und Suche nach treffenden Ausdrücken wird vermutlich angesprochen, dass die Fortbewegung vom jeweiligen Lebensraum abhängt. Es ergeben sich die Kategorien Fortbewegung von Tieren im Wasser/Tieren in der Luft/Tieren an Land. Als weiterführende Aufgabe suchen die Kinder sich eine dieser Kategorien aus und notieren dazu möglichst viele verschiedene Verben auf Wortkarten. Hier können die Kinder sich Anregungen aus den Texten der Sachbücher holen.
- Zum Schluss werden die Verben im Plenum gesammelt, indem die Kinder ihre Wortkarten vorlesen und auf ein vorbereitetes Plakat zur jeweiligen Kategorie heften. Gegebenenfalls werden die Wörter nachträglich rechtschriftlich überarbeitet.

Tiere im Zoo

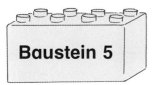

Baustein 5

Tier-Rekorde –
Übungen zur Steigerung von Adjektiven

Material:

- M 7, S. 92
- Wörterbücher

Unterrichtsschritte:

- Als Einstieg stellt die Lehrkraft die Frage, welches Tier am schnellsten laufen kann. Die Kinder äußern ihre Vermutungen.
- Anschließend lesen sie die Sachinformationen über die Tier-Rekorde und beantworten die Fragen auf dem Arbeitsblatt M 7.
- Bei Aufgabe 2 auf dem Arbeitsblatt schreiben sie der Vorgabe entsprechend eine Rangfolge der Tiere ins Heft.
- Als Differenzierung können die Kinder sich über weitere Tier-Rekorde in Sachbüchern und im Internet informieren (siehe kommentierte Literaturhinweise).
- Als Reflexion kontrollieren die Kinder in Partnerarbeit ihre Lösungen, indem sie die Steigerungsformen im Wörterbuch nachschlagen.
- Für Kinder mit DaZ lassen sich zu diesem Thema verschiedene Übungsvariationen finden:
  - Es werden weitere Vergleichskategorien gesucht: Tiere, die weit springen; Vögel, die eine große Flügelspannweite haben; Vögel, die große Eier legen; besonders langsame Tiere, besonders kleine Tiere etc. Zu diesen Tieren werden analog zu Aufgabe 2 auf M 7 Sätze aufgeschrieben.
  - Es werden Rätsel in dieser Form gestellt: „Welches ist das schnellste Tier?" Die Kinder suchen die entsprechende Bildkarte und benennen das Tier. Dann überlegen sie sich eigene Rätsel.
- In Verbindung mit dem Mathematikunterricht kann auf die Maßeinheiten, in denen die Rekorde angegeben sind, genauer eingegangen werden. So kann beispielsweise geschätzt und gerechnet werden, wie viele Kinder zusammen so viel wiegen wie ein Elefant.

Baustein 6

„Neue Bildungen, der Natur vorgeschlagen" –
Kreativer Umgang mit zusammengesetzten Nomen

Material:

- Papier
- M 8, S. 93
- Wortkarten
- M 15, S. 100
- Abc-darien aus Baustein 1
- Sachbücher und Lexika zu Zootieren

Unterrichtsschritte:

- Als Einstieg wird das Spiel „Cadavre ex quis" gespielt: Auf den oberen Teil eines Blatt Papiers wird ein Tierkopf gezeichnet. Dann wird das Blatt so geknickt, dass nur noch die „Anschlussstellen" des Halses zu sehen sind. Das Blatt wird an das nächste Kind weitergegeben, welches einen beliebigen Tierbauch zeichnet und ebenfalls das Blatt knickt. Das nächste Kind zeichnet Beine und Füße und gibt das Blatt ebenfalls weiter. Nun darf das nächste Kind das Blatt öffnen, einen Namen für das Fantasietier erfinden und ihn auf das Blatt schreiben. Im Plenum werden die Bilder präsentiert und es wird reflektiert, ob die Namen passen.

Tiere im Zoo

- Die Kinder lesen das Gedicht „Neue Bildungen, der Natur vorgeschlagen" (M 8) und erhalten Gelegenheit zu spontanen Äußerungen.
- Jedes Kind sucht sich ein Tier aus und versucht, es zu zeichnen.
- Bei der Präsentation der Zeichnungen raten die anderen Kinder zunächst, welches Tier aus dem Gedicht gezeichnet wurde. Dabei wird reflektiert, inwiefern die Bestandteile des Wortes umgesetzt wurden.
  Beispiele: Eine Kamelente ist eine Ente mit Höckern wie ein Kamel. Der Sägeschwan ist ein Schwan mit einem Schnabel wie eine Säge. Die Schoßeule sitzt auf dem Schoß eines Menschen und wird gestreichelt.
  Es wird herausgearbeitet, dass es sich um zusammengesetzte Nomen handelt.
- Anschließend durchsuchen die Kinder ihre Abc-darien aus Baustein 1 nach weiteren zusammengesetzten Nomen. Zusätzlich können sie Sachbücher und Lexika hinzuziehen. Sie notieren die gefundenen Nomen zunächst im Heft. Dann schreiben sie die Bestandteile der Wörter getrennt auf Wortkarten.
- Nun mischen die Kinder entweder ihre eigenen Wortkarten oder tauschen die Karten untereinander aus und setzen sie neu zusammen. Dabei muss darauf geachtet werden, dass mindestens ein Tiername benutzt wird. Die Wortneuschöpfungen werden mit Artikel untereinander auf ein Blatt geschrieben. Danach zeichnen die Kinder einige ihrer Fantasietiere.
- Bei Kindern mit DaZ wird gegebenenfalls die Verwendung des Artikels bei zusammengesetzten Nomen thematisiert (siehe 3. Klasse, Band 1, S. 18 und 34).

Baustein 7

Tierisch gute Gedichte – Angebote zum kreativen Umgang mit Reimen und Gedichten

Material:

- Auftragskarten M 9–10, S. 94–95
- weiteres Material siehe Auftragskarten M 9–10
- M 11–15, S. 96–100

Unterrichtsschritte:

- Die acht Angebote zum kreativen Umgang mit Reimen und Gedichten über Zootiere können als Stationsbetrieb durchgeführt oder in eine sachorientierte Werkstatt zum Thema Zoo integriert werden. Bei allen Angeboten sind spielerische und humorvolle Bearbeitungen durchaus erwünscht.
- *Angebot 1:* Die Kinder erhalten die Aufgabe, selbst gewählte Tiernamen gestalterisch umzusetzen. Dazu werden die Buchstaben in den Farben des jeweiligen Tieres gefärbt sowie Struktur oder Muster von Fell, Federn bzw. Haut wiedergegeben; möglicherweise stellen die Buchstaben auch einzelne Körperteile dar. Bei einer Präsentation der Bilder wählen die Kinder besonders gelungene Umsetzungen aus und begründen ihre Wahl.
- *Angebot 2:* Die Kinder suchen weitere Reimpaare zu Zootieren und schreiben sie ins Heft oder auf ein Schmuckblatt (z. B. M 15). Zusätzlich bilden sie aus den Reimwörtern (lustige) Sätze. *Beispiel:* Der Tiger ist immer der Sieger.
  Zum Abschluss werden die gefundenen Reimwörter im Plenum gesammelt, indem sie auf ein großes Plakat notiert werden. Dabei erkennen die Kinder, dass die meisten Wörter sich in den Anfangsbuchstaben unterscheiden, aber gleich enden. Es kann aber auch herausgearbeitet werden, dass es Wörter gibt, die zwar gleich klingen, aber unterschiedlich geschrieben werden.
- *Angebot 3:* Die Kinder schreiben ein Elfchen über ihr liebstes Zootier auf ein Schmuckblatt (z. B. M 15). Dabei können sie auf ihre Wörtersammlung aus Baustein 3 zurückgreifen oder auch die Reimwörter aus Angebot 2 oder die Gestaltungsmöglichkeiten aus Angebot 1 nutzen.
- *Angebot 4:* Die Kinder lesen die Gedichte auf dem Arbeitsblatt M 11 und ergänzen die Titel sowie die Lückenwörter. Dabei ist genaues Lesen und das Verständnis der Bildsprache der Gedichte erforderlich. Als Kontrolle finden die Kinder im Buchstabengitter die Lösungswörter (Eule, Dachs, Elefant, Giraffen).
- *Angebot 5:* Die Kinder setzen sich inhaltlich mit dem Thema des Gedichtes „Geheimnis" von Gerald Jatzek auseinander, indem sie die Fragen auf M 12 beantworten und ein eigenes Elfchen verfassen.

82 Bergedorfer Grundschulpraxis: Deutsch – 3. Klasse, Band 2
© Persen Verlag GmbH, Horneburg

Tiere im Zoo

- *Angebot 6:* Auf das Gedicht „Affenschule" von James Krüss (M 13) lassen sich die Kinder ein, indem sie zunächst über das Thema des Gedichtes nachdenken und dann die Lücken des Gedichtes füllen.
- *Angebot 7:* Die Kinder sollen sich in erster Linie von der äußeren Form des Gedichtes von Irina Korschunow (M 14) zu eigenen, ähnlich gestalteten Texten anregen lassen.
- *Angebot 8:* Hierbei geht es um das Vortragen von Gedichten.
- Die Kinder sollten möglichst mehrere Angebote bearbeiten, bevor sie für eine abschließende Präsentation jeweils ein selbst verfasstes Gedicht auswählen, das sie auf ein Schmuckblatt (z. B. M 15) schreiben und üben vorzutragen.

Originaltext des Gedichtes „Affenschule" von James Krüss (Angebot 6/M 13)

Anmerkung: Auf dem Arbeitsblatt M 13 wird das Gedicht in gekürzter Fassung – ohne die 4. Strophe – wiedergegeben.

Affenschule

Ein Affenfelsen, irgendwo,
Ein Fels und eine Kuhle,
Zum Beispiel hier bei uns im Zoo,
Ist auch die Affenschule.

Dort lernt ein jedes Affenkind,
sich richtig zu verhalten.
Es lernt dort früh, was Flöhe sind,
Und Demut vor den Alten.

Es lernt, wie man die Schaufel packt,
Es lernt, wie man am besten
Die Läuse und die Nüsse knackt,
Und wie man turnt an Ästen.

Es lernt, dass es nicht wichtig ist,
Wenn Menschenaugen gaffen,
Und dass Gehorsam richtig ist
Vor einem Oberaffen.

Es lernt, wie man Bananen schält,
Es lernt von seiner Mutter,
Dass man zum Scherz nie Menschen quält;
Denn Menschen bringen Futter.

Willst du ein rechter Affe sein,
Dann brauchst du keine Schule.
Du brauchst in unsrem Zoo allein
Den Felsen und die Kuhle.

James Krüss
Aus: ders.: James' Tierleben © Carlsen Verlag GmbH, Hamburg, 2003.

Lernwörter

der	**Affe**, die Affen		**laufen**, er läuft
	alt	der	**Löwe**, die Löwen
der	**Bär**, die Bären	das	**Maul**, die Mäuler
der	**Elefant**, die Elefanten	die	**Pfote**, die Pfoten
die	**Feder**, die Federn		**rennen**, er rennt
das	**Fell**, die Felle	die	**Schlange**, die Schlangen
	fliegen, er fliegt	der	**Schnabel**, die Schnäbel
die	**Flosse**, die Flossen	die	**Schnauze**, die Schnauzen
	galoppieren, er galoppiert		**schnell**
das	**Gehege**, die Gehege	die	**Schuppe**, die Schuppen
die	**Giraffe**, die Giraffen	der	**Schwanz**, die Schwänze
	groß		**schwer**
	hoppeln, er hoppelt		**schwimmen**, er schwimmt
der	**Käfig**, die Käfige	das	**Tier**, die Tiere
	klettern, er klettert	der	**Tiger**, die Tiger
die	**Kralle**, die Krallen	der	**Wal**, die Wale
	lang	der	**Zoo**, die Zoos

Tiere im Zoo

Möglichkeiten der Lernerfolgskontrolle

In Verbindung mit dem Sachunterricht verfassen die Kinder einen Sachtext über ein selbst gewähltes Tier. Dazu recherchieren sie vorab in Sachbüchern und im Internet. In sprachlicher Hinsicht wird die Groß- und Kleinschreibung der verschiedenen Wortarten sowie die Verwendung des erarbeiteten Wortmaterials bewertet.
Die selbst verfassten Gedichte können beurteilt werden, indem die Kinder aus ihren eigenen Gedichten das beste auswählen. Kriterien zur Bewertung: Zusammenhang der Wörter und Ausdrücke, Kreativität des Wortmaterials.

Kommentierte Literaturhinweise

Sachbücher:

- Cawardine, Mark: Guiness-Buch der Tierrekorde. Frechen: Komet 2001.

    Nach Tierarten geordnet werden besondere Eigenschaften und Fähigkeiten einzelner Tiere beschrieben.

- Dorling Kindersley-Verlag (Hrsg.): Das große Tierlexion. München: Dorling Kindersley 2000.

    Die ersten Kapitel behandeln in ausführlicher Form Allgemeines zur Charakterisierung von Tieren (Körperbau, Ernährung, Lebensräume, Fortpflanzung usw.). Die alphabetisch geordneten Tierdarstellungen enthalten einen Steckbrief zu Familie, Lebensraum, Verbreitung, Nahrung, Lebenserwartung und Größe, Querverweise zu thematisch verwandten Kapiteln, eindrucksvolle und lebendige Abbildungen sowie kurze, interessante Artikel zu besonderen Eigenschaften und Fähigkeiten des Tiers.

- o. A.: Das große Tierlexikon. Die wichtigsten Tiere aus aller Welt. Ravensburg: F. X. Schmid 2004.

    Über 750 Tierarten werden – nach Herkunftskontinenten geordnet – vorgestellt mit Angaben zu Ordnung, Gewicht, Größe, Anzahl der Jungtiere, Lebenserwartung und Verbreitungsgebieten. Zudem gibt es relativ ausführliche Texte über besondere Fähigkeiten, Lebensgewohnheiten und Nahrung. Jedes Tier ist in einer detaillierten Zeichnung dargestellt.

- Mertiny, Andrea: WAS IST WAS. Tiere im Zoo. Nürnberg: Tessloff 2000.

    Schwerpunkte des Buches sind ein historischer Rückblick auf die Entstehung und Entwicklung von zoologischen Gärten, Grundsätze moderner Tierhaltung und -beschaffung sowie die Artenschutz-Funktion des Zoos.

- Pott, Eckart: Ravensburger Tierlexikon von A–Z. Ravensburg: Ravensburger 1993.

    In alphabetischer Reihenfolge ist jedem Tier eine Seite gewidmet, die einen Info-Text, einen Steckbrief mit Informationen zu Größe, besonderen Merkmalen, Ernährung, Fortpflanzung und Vorkommen sowie schöne Fotos enthält. Am Ende des Buches befinden sich ein Glossar mit biologischen Fachbegriffen, ausführliche Informationen zur Klassifizierung der Tierarten sowie eine Auflistung von Tier-Rekorden.

- Taylor, Barbara: Bildatlas der Tiere. Augsburg: Bechtermünz 1997.

    In den einleitenden Kapiteln finden sich Erklärungen zur Einteilung der Tiere in Gattungen sowie zu den unterschiedlichen Lebensräumen. Die Tierdarstellungen erfolgen geordnet nach Kontinenten und Regionen. Die einzelnen Tierarten sind durch eindrucksvolle Illustrationen, kurze Texte und Größenangaben dargestellt.

- Whitfield, Philip: Das große Tierlexikon. München: Ars Edition 1999.

    In diesem Tierlexikon werden die Tiere geordnet nach Gattungen mit einem Bild, einem kurzen Text, ihrem lateinischen Namen sowie Angaben zu Größe und Verbreitung dargestellt.

- Zerbst, Marion/Waldmann, Werner: Wie es im Zoo zugeht. Luzern: Kinderbuch 1995.

    Über die Arbeit von Tierpflegern und Tierärzten, die Futterbeschaffung, die Zucht und Beschaffung von Tieren u. a. berichtet dieses Buch mit ausführlichen Texten und erläuternden Fotos. Außerdem liefert es Berichte über Erfahrungen mit einzelnen Tieren, so dass Kinder einen guten Einblick in die Arbeit im Zoo erhalten.

Bilderbücher und Gedichtbände:

- De Vos, Philip/Jandl, Ernst: Karneval der Tiere. München: Middelhauve 2001.

    Kapitel für Kapitel werden jeweils auf einer Doppelseite die einzelnen Tiere vorgestellt: Sowohl die ausdrucksvollen aquarellierten Tuschezeichnungen als auch der in Versen verfasste Text geben den (vermeintlichen) Charakter der Tiere wieder. Den Witz des Buches machen die teils ironischen Bemerkungen zum persönlichen Los und Schicksal der einzelnen Tierarten aus.

- Eisenburger, Doris/Simsa, Marko: Der Karneval der Tiere. Eine Geschichte zur Musik von Camille Saint-Saëns. Mit Begleit-CD mit dem Konzert „Der Karneval der Tiere" von Camille Saint-Saëns. Wien/München: Annette Betz 2002.

    In lebendigen Aquarellen wird das Konzert des Karnevals der Tiere in turbulenten Szenen dargestellt. Die Bilder geben die fröhliche Atmosphäre des Konzerts wieder und laden aufgrund ihrer witzigen und liebevoll gestalteten Details zum Entdecken und Fabulieren ein. Die Gespräche der Affenkinder im Text begleiten die Bilder.

Tiere im Zoo

- Janosch: Kleine Tierkunde für Kinder. Weinheim/Basel: Beltz & Gelberg 1985.

  Diese kleine Sammlung von Gedichten und Geschichten stellt die Tiere in altbekannter kurzweiliger Form vermenschlicht dar. Im Unterricht lassen sich die Bilder als reizvolle Anlässe zum kreativen Schreiben nutzen.

- Krüss, James: James Tierleben. Berlin: Kinderbuch 1998.

  In 99 gereimten „Lektionen" stellt James Krüss die einzelnen Tierarten aus seiner Sicht vor: In den Gedichten des ersten Kapitels versetzt sich das lyrische Ich in die Perspektive der Tiere unter dem Motto „Als ich noch ein … war". Bei den Gedichten aus Kapitel 2 handelt es sich um fabelartige Texte, zum Teil in Anlehnung an Fabeln von Jean de la Fontaine. Kapitel 3 hat „Tierfeiern" zum Thema, danach folgt die „Schöne-Unsinns-Zoologie". Die weiteren Kapitel behandeln die Themen Tierkinder, Hunde, Tiere auf dem Land, Tiere im Wasser, Vögel sowie das Verhältnis von Mensch und Tier.

- Morgenstern, Christian/Bauer, Jutta: Schnigula, schnagula. Frankfurt am Main: Fischer Taschenbuch 1996.

  Die meisten der von Jutta Bauer ausgewählten Gedichte Morgensterns beschäftigen sich im weitesten Sinne mit Tieren – mal in Sprachspielereien, Wortschöpfungen und Lautmalereien, mal hintergründig-kritisch. Jutta Bauers originelle Illustrationen interpretieren und ergänzen die Gedichte in ihrer Aussage.

Internetseiten:

- www.das-tierlexikon.de
- www.kinder-tierlexikon.de

  Hier bietet sich auch die Gelegenheit, eigene Artikel über Tiere zu veröffentlichen.

- www.tierenzyklopädie.de
- www.tiere-online.de
- www.zoos.de

Name: Datum: **M 1**

Daniel & Daniel

Daniel war im Zoo.
Er hat viele Tiere gesehen.
Elefanten und Nashörner,
Schlangen und Löwen,
Strauße und Eisbären,
Robben und Giraffen,
Affen und Hängebauchschweine,
Papageien und Krokodile,
Zebras und Wölfe,
Dromedare und Antilopen,
Tiger und Rotfeuerfische zählt er auf.

Daniel war auch im Zoo.
Er hat lange die Eisbären beobachtet.
Er weiß nun, wie sie schwimmen,
und ahmt ihre Bewegungen nach.
Er hat zugeguckt,
was sie zum Fressen bekommen,
und gehört,
wie sie vorher gebrüllt haben.
Vom Zoowärter hat er sogar
ihre Namen erfragt, erzählt er.

Ingrid Huber

Name: Datum: **M 3**

Mein Abc der Zootiere

A
B
C
D
E
F
G
H
I
J
K
L
M
N
O
P
Q
R
S
T
U
V
W
X
Y
Z

Wer, wie, wie, was ist mein liebstes Zootier?

Der Die Das

1. Trage dein Lieblingstier ein und unterstreiche den richtigen Artikel.
2. Sammle möglichst viele Wörter über dein Lieblingstier. Sortiere sie nach Wortarten.

Nomen
Wie heißt das Tier?
Was hat das Tier?

Verben
Was kann das Tier?
Was tut das Tier?

Adjektive
Wie ist das Tier?
Wie sieht das Tier aus?
Wie hört sich das Tier an?

Übersicht Wortarten — M 5

Nomen

Wörter für Personen, Tiere, Pflanzen und Dinge nennen wir Nomen.

Nomen werden am Anfang **großgeschrieben**.

Artikel

Nomen haben **Begleiter**:
ein, eine,
der, die, das.

Sie heißen **Artikel**.

Adjektive

Adjektive sind Wiewörter.
Adjektive beschreiben, **wie** etwas ist.

Adjektive werden **kleingeschrieben**.

Verben

Wörter, die sagen, was geschieht oder was man tut, heißen Verben.
Verben können ihre **Form** verändern:
laufen, ich laufe

In der **Grundform** haben Verben am Ende immer ein -n oder -en, z. B. sammeln, laufen.

Name: Datum: **M 6**

Wie bewegen sich Tiere?

Die Ente galoppiert zum Teich.
Der Fisch hoppelt durchs Wasser.
Der Affe schwimmt den Baum hinauf.
Der Adler paddelt durch die Luft.
Der Elefant flattert durch die Steppe.
Der Tiger schleicht durch den Dschungel.
Die Giraffe klettert durchs Steppengras.
Der Bär schwebt in seine Höhle.
Die Schlange kriecht über den Felsen.
Der Löwe taucht durch den Sand.

1 *Hier stimmt etwas nicht.*
Unterstreiche die Verben, die dir komisch vorkommen.

2 *Schreibe die Sätze mit passenden Verben auf.*

Name: Datum: **M 7**

Tier-Rekorde

Schnelle Tiere

Elefant	39 km/h (Kilometer pro Stunde)
Eisbär	65 km/h
Gepard	100 km/h
Strauß	72 km/h
Giraffe	51 km/h
Löwe	75 km/h

Tiere, die alt werden

Zebra	38 Jahre
Braunbär	47 Jahre
Aal	88 Jahre
Elefantenschildkröte	150 Jahre
Giraffe	34 Jahre
Elefant	70 Jahre

Lange Tiere

Panzernashorn	4 m (Meter)
Elefant	7,5 m
Giraffe	5,8 m
Nilpferd	3,5 m
Blauwal	30 m

Schwere Tiere

Nashorn	1500 kg (Kilogramm)
Giraffe	800 kg
Elefant	6000 kg
Bison	1350 kg
Blauwal	160 000 kg
Nilpferd	1600 kg

1 *Beantworte die Fragen in deinem Heft.*

a) Welches Tier ist am längsten?
b) Welches Tier kann am ältesten werden?
c) Welches Tier ist am schwersten?
d) Welches Tier kann am schnellsten laufen?
e) Welche Tiere sind schwerer als das Bison?
f) Welche Tiere können schneller laufen als die Giraffe?
g) Welche Tiere sind länger als das Panzernashorn?

2 *Vergleiche die Tiere. Schreibe so in dein Heft und fülle die Lücken:*

Der Elefant ist schnell.
Die Giraffe ist schneller als der Elefant.
Der _____ ist schneller als die Giraffe.
Der _____ ist schneller als der _____.
Der _____ ist am schnellsten.

Neue Bildungen, der Natur vorgeschlagen

Der Ochsenspatz
Die Kamelente
Der Regenlöwe
Die Turtelunke
Die Schoßeule
Der Walfischvogel
Die Quallenwanze
Der Gürtelstier
Der Pfauenochs
Der Werfuchs
Die Tagtigall
Der Sägeschwan
Der Süßwassermops
Der Weinpintscher
Das Sturmspiel
Der Eulenwurm
Der Giraffenigel
Das Rhinozepony
Die Gänseschmalzblume
Der Menschenbrotbaum

Christian Morgenstern

1   Welches Tier gefällt dir am besten? Versuche, es zu zeichnen.

2   Ochsenspatz, Kamelente, Regenlöwe ... sind zusammengesetzte Fantasie-Nomen.
    Suche richtige Namen von Zootieren, die zusammengesetzte Nomen sind.
    Schreibe sie in dein Heft.

3   Schreibe die Bestandteile dieser Nomen nun einzeln auf Wortkarten.
    Beispiel: | SÄBEL | ZAHN | TIGER |

4   Mische die Karten. Bilde neue Fantasie-Tiernamen.

5   Schreibe deine schönsten Fantasie-Tiernamen auf ein Schmuckblatt.
    Zeichne diese Tiere.

Angebote 1–4 M 9

Angebot 1

Tier-Wörter-Bilder

Du brauchst: Papier, bunte Stifte

Hier hat jemand die Tiernamen in besonderer Schrift geschrieben.

1. *Was fällt dir auf?*
2. *Gestalte auf diese Weise die Namen anderer Zootiere.*

Angebot 2

Der Tiger ist immer der Sieger

Du brauchst: Papier, Schmuckblatt

Tiger – Sieger Affen – gaffen
Schlange – Zange Wal – Schal

1. *Finde weitere Reimwörter zu Namen von Zootieren.*
2. *Denke dir lustige Sätze mit den Reimwörtern aus. Schreibe sie auf ein Schmuckblatt und male etwas dazu.*

Angebot 3

Ein Elfchen über mein liebstes Zootier

Du brauchst: Papier, Schmuckblatt

1. *Sammle Wörter über dein liebstes Zootier. Schreibe sie auf einen Zettel.*
2. *Schreibe ein Elfchen über dieses Tier auf ein Blatt.*
3. *Kontrolliere mit dem Wörterbuch.*
4. *Schreibe dein Elfchen auf ein Schmuckblatt. Denke dir eine besondere Gestaltung für den Tiernamen aus.*

Angebot 4

Tiergedichte von Josef Guggenmos

Du brauchst: Arbeitsblatt M 11

1. *Lies die Gedichte auf dem Arbeitsblatt. Überlege, von welchen Tieren sie handeln.*
2. *Setze die fehlenden Wörter ein.*
3. *Suche die Lösungen im Buchstabengitter.*
    Zeichne die Tiere.

Angebote 5–8 — M 10

Angebot 6

Affenschule

Du brauchst: Arbeitsblatt M 13, Papier

1. Überlege: Was müssen kleine Affen lernen? Schreibe deine Gedanken auf einen Zettel.
2. Lies das Gedicht.
3. Fülle die Lücken des Gedichtes.

Angebot 8

Tier-Gedichte vortragen

Du brauchst: ein Tier-Gedicht

1. Suche dir ein Tier-Gedicht aus. Du kannst ein selbst geschriebenes Gedicht nehmen oder in einem Gedichtband suchen.
2. Lies das Gedicht einem anderen Kind vor. An welchen Stellen musst du Pausen machen? Wo solltest du laut, wo solltest du leise sprechen? Lies das Gedicht einmal schnell, einmal langsam. Überlege mit deinem Partner, wie das Gedicht am besten klingt.

Angebot 5

Affengeheimnis

Du brauchst: Arbeitsblatt M 12

1. Lies das Gedicht.
2. Stell dir vor: Du bist ein Affe im Zoo. Viele Menschen stehen täglich vor deinem Käfig und starren dich an. Beantworte die Fragen auf dem Arbeitsblatt.
3. Schreibe ein Gedicht oder eine Geschichte zu diesem Thema.

Angebot 7

Wovon träumen Giraffen?

Du brauchst: Plakat, Papier

1. Sieh dir das Plakat an. Finde heraus, wovon Giraffen träumen.
2. Schreibe in dieser Art einen Text über ein anderes Zootier.

Name: Datum: M 11

Angebot 4

Tiergedichte von Josef Guggenmos

Die _____

Wo steckt der Mond? Ein Wolkenbär
hat ihn verschluckt. Er scheint nicht mehr.
Die _____ aber sieht genau
im schwarzen Wald das Mäuslein grau.

Der _____

Der _____ hat Streifen im Gesicht.
Den argen Winter mag er nicht.
Im März schaut er aus seinem Loch
und grunzt: „Jetzt kommt der Frühling doch."

Der _____

Der _____, grau wie Stein,
hat Zähne ganz aus Elfenbein.
Wie ein Gebirg geht er herum.
Zehn Männer werfen ihn nicht um.

Die _____

Die _____ schauen freundlich drein,
doch ihr Kopf ist kirchturmhoch daheim.
Bis zu Kindern und dergleichen Sachen
muss er eine weite Reise machen.

von Josef Guggenmos

1 *Ergänze die fehlenden Wörter der Gedichte.*

2 *Suche die Lösungen im Buchstabengitter.*

E	X	B	C	Z	W	H	G	R	G
U	Q	M	N	U	P	V	D	B	I
M	P	L	G	H	E	P	T	F	R
R	S	E	B	D	A	C	H	S	A
N	O	U	H	U	R	X	Z	U	F
F	B	L	W	Ö	M	Ä	L	A	F
G	U	E	U	J	I	F	Ü	X	E
I	H	B	V	L	O	D	P	Z	N
K	E	L	E	F	A	N	T	S	Y
J	R	M	O	K	T	Ä	R	B	A

 Zeichne die Tiere.

Name: Datum: **M 12**

Angebot 5

Affengeheimnis

Das Geheimnis

Der Affe im Zoo,
mal angenommen:
Er würde dichten.
Er schriebe Geschichten.

Denkst du, er schriebe
über die Nüsse,
über die Küsse,
die wir ihm werfen?

Na, du hast Nerven!

Von all den Narren,
die auf ihn starren,
von Käfigstangen,
biegsam wie Schlangen,
schriebe der Affe im Zoo.

Vielleicht tut er es
sowieso
und kratzt mit dem Fuß
ein Gedicht.

Man
    weiß
        es nicht.

Gerald Jatzek

Stell dir vor:
Du bist der Affe aus dem Gedicht.
Viele Menschen stehen täglich
vor deinem Käfig und starren dich an.

1 *Welche Menschen stehen vor deinem Käfig?*

_____
_____
_____
_____
_____
_____

2 *Was tun die Menschen? Was sagen sie?*

_____
_____
_____
_____
_____
_____
_____
_____

3 *Schreibe ein Gedicht oder eine Geschichte zu diesem Thema.*

Name: Datum: **M 13**

Angebot 6

Affenschule

1 *Was müssen kleine Affen lernen?*
Schreibe deine Gedanken auf einen Zettel.

2 *Fülle die Lücken des Gedichtes.*

Ein Affenfelsen, irgendwo,
Ein Fels und eine Kuhle,
Zum Beispiel hier bei uns im Zoo,
Ist auch die Affenschule.

Dort lernt ein jedes Affenkind,

Sich richtig zu verhalten.

Es lernt dort früh, was _____

Und _____.

Es lernt, wie _____.

Es lernt, wie man am besten

_____,

Und wie man _____.

Es lernt, wie man _____,

Es lernt von seiner Mutter,

Dass man _____;

Denn _____.

Willst du ein rechter Affe sein,
Dann brauchst du keine Schule.
Du brauchst in unsrem Zoo allein
Den Felsen und die Kuhle.

James Krüss

Name: Datum: M 14

Angebot 7
Wovon träumen Giraffen?

Giraffen träumen muäbrettälBnov inchöher alsihr Hals

Irina Korschunow

Name: Datum: **M 15**

5. Unterrichtsreihe: Wasser ist Leben

(ca. 20 Unterrichtsstunden)

Ziele

Mündliches Sprachhandeln

- Planungsgespräche zur Arbeit an Projektthemen durchführen
- das eigene Kommunikationsverhalten bei der Projektarbeit reflektieren

Schriftliches Sprachhandeln

- Vorgangsbeschreibungen verfassen
- Sachtexte zu selbst gewählten Aspekten des Themas Wasser schreiben und präsentieren

Rechtschreiben

- Wortbausteine identifizieren und für normgerechte Schreibungen nutzen

Umgang mit Texten und Medien

- informierendes Lesen von Sachtexten üben
- Unterstreichungen und Stichworte am Rand als Hilfen zum informierenden Lesen nutzen
- Textbelege zitieren
- Schlüsselbegriffe finden und für die Textarbeit nutzen
- Suchmaschinen zur Internetrecherche verwenden
- Inhaltsverzeichnisse und Register benutzen

Sprache reflektieren

- ein Mindmap als Hilfe zur Strukturierung eines Themas erproben
- einen differenzierten Wortschatz zur Beschreibung von Wasser mit Hilfe von Wortfeldern und Wortfamilien entwickeln

Bausteine der Unterrichtsreihe

1. Überall Wasser – Ein Mindmap zum Thema Wasser erstellen und Projektthemen finden
2. Rund um das Thema Wasser – An verschiedenen Projektthemen arbeiten
3. Wasser ist Leben – Einem Sachtext wesentliche Informationen entnehmen
4. Wasser sehen – Adjektive für Farbtöne erfinden
5. Wasser hören – Eine Geschichte verklanglichen
6. Wasser schmecken – Rezepte für Getränke notieren
7. Wasser fühlen – Erlebnisse im/am/mit Wasser erzählen
8. Mit Wasser experimentieren – Versuche beschreiben
9. Die Wortfamilie Wasser – Wörter in ihre Bestandteile zerlegen

Wasser ist Leben

Didaktischer Kommentar

Wasser ist Leben – diese Erkenntnis gewinnen Kinder leicht, wenn sie überlegen, wo überall in Natur und Zivilisation Wasser vorkommt und genutzt wird. Schnell wird deutlich, dass das Element Wasser in vielfältigen inhaltlichen Verknüpfungen zu anderen Sachbereichen steht: Wasser als zentraler Bestandteil von Menschen, Tieren und Pflanzen, Wasserverbrauch im Haushalt, Wasserversorgung und Wasserreinigung, die Lebensräume See, Teich, Fluss und Meer, Transportweg Wasser und Schifffahrt, Wasserkreislauf und Wetter. Einerseits ist es unmöglich, alle diese Aspekte innerhalb einer Unterrichtsreihe umfassend zu bearbeiten, andererseits eignet sich das Thema Wasser gerade aufgrund dieser vielfältigen Themenaspekte für einen projektartigen Zugang.

So soll das Mindmap in Baustein 1 dazu dienen, zunächst Assoziationen zum Thema zu sammeln und diese zu systematisieren und in einem zweiten Schritt Fragestellungen für eigene Projekte der Kinder zu entwickeln. So könnten z. B. Kinder in Partner- oder Kleingruppenarbeit der Fragestellung nachgehen: „Woher kommt eigentlich das Wasser, das bei uns aus der Leitung fließt?" Dazu besorgen sie sich Sachbücher und recherchieren im Internet. Anschließend verfassen sie dazu einen Sachtext, erstellen ein Infoplakat oder bereiten ein Kurzreferat vor. Als Hilfen dienen die Materialien zu Baustein 2. Das eigenständige Lesen von Sachtexten kann den Kindern erleichtert werden durch gezielte Strategien wie Textgliederung, Unterstreichungen und Stichwörter am Rand (Baustein 3). Dass Wasser ein schützenswertes Gut ist, kommt im Sachtext aus Baustein 3 zum Ausdruck. Darüber hinaus kann thematisiert werden, in welchen Gegenden der Erde die Wasserversorgung zum Problem wird und welche Konsequenzen damit verbunden sind. Die kulturelle und religiöse Bedeutung von Wasser kann im Religionsunterricht durch Märchen und Bibeltexte deutlich werden (Sintflut, Taufe).

In den Bausteinen 4 bis 6 sollen die Kinder das Element Wasser mit allen Sinnen erfahren. Fächerübergreifend beschäftigen die Kinder sich im Kunstunterricht mit unterschiedlichen Färbungen und Strukturen des Wassers (Baustein 4). In Verbindung mit dem Musikunterricht nehmen sie verschiedene Wassergeräusche wahr und erzeugen diese gezielt, um einen Text zu verklanglichen (Baustein 5). Dass Wasser unterschiedlich schmecken kann, erfahren die Kinder, indem sie die Rezepte aus Baustein 6 ausprobieren und eigene Rezepte entwickeln und verschriftlichen. Durch verschiedene Fühlerfahrungen mit Wasser sollen Assoziationen zu Erlebnissen mit Wasser entwickelt werden, die in freien Texten beschrieben werden (Baustein 7).

Die Experimente aus Baustein 8 und ihre Auswertung liefern Erkenntnisse zu physikalischen Eigenschaften des Elements Wasser. Diese wiederum lassen sich für die eigenständige Arbeit in den Projektthemen nutzen.

Im Mathematikunterricht bietet sich im Zusammenhang mit dem Thema Wasser die Volumenmessung an: Die Kinder schätzen, wie viel Wasser in verschiedene Gefäße hineinpasst. Sie vergleichen durch Umschütten und erproben den Umgang mit standardisierten Maßeinheiten. Sobald sie erste Grundvorstellungen zur Maßeinheit Liter entwickelt haben, lassen sich Schätzungen und Messungen zum Wasserverbrauch im Haushalt durchführen, die wiederum im Sachunterricht ausgewertet werden können.

Bausteine der Unterrichtsreihe

Baustein 1 — **Überall Wasser – Ein Mindmap zum Thema Wasser erstellen und Projektthemen finden**

Material:

- Bildmaterial: Zeitschriften, Urlaubsfotos, Kalenderblätter
- großes Plakat für die Collage
- 3–5 Wortkarten pro Kind
- großes Plakat für das Mindmap
- dicke Filzstifte

Wasser ist Leben

Unterrichtsschritte:

- Zunächst erhalten die Kinder den Auftrag, Zeitschriften, Kalenderblätter, Urlaubsfotos und sonstiges Bildmaterial mitzubringen, worin verschiedene Erscheinungsformen von Wasser zu finden sind. Die ausgeschnittenen Bilder werden nach und nach zu einer großen Collage zusammengestellt.
- Angeregt durch diese Collage, schreibt jedes Kind drei bis fünf Stichwörter zum Thema Wasser, die es für besonders interessant und wesentlich hält, auf jeweils eine Wortkarte.
- Aus diesen Wortkarten wird gemeinsam ein Mindmap zum Thema Wasser erstellt. Im Sitzkreis lesen die Kinder zunächst unkommentiert ihre Wortkarten vor. In einem zweiten Schritt legen die Kinder nach und nach ihre Wortkarten auf das Plakat in der Mitte, wobei sie diese nach Zusammenhängen gruppieren. Nun werden zu den einzelnen Kartenstapeln Oberbegriffe gesucht, die als erste Abzweigungen vom Wort „Wasser" notiert werden. Weitere Untergliederungen sind möglich. Schließlich werden die einzelnen Wortkarten auf das Plakat geheftet und mit den jeweiligen Oberbegriffen verbunden.
- Zum Schluss reflektieren die Kinder, welche Themenaspekte aus dem Mindmap sie besonders interessieren.

Beispiel für ein Mindmap:

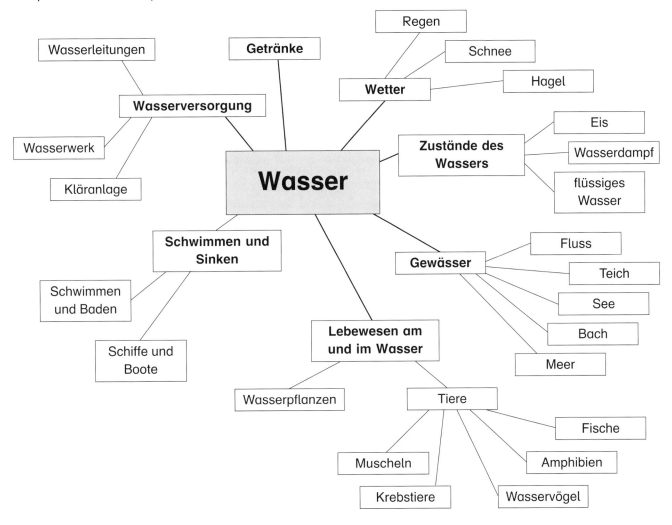

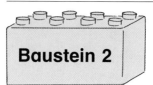

Wasser ist Leben

Baustein 2
Rund um das Thema Wasser –
An verschiedenen Projektthemen arbeiten

Material:

- M 1 als Auftragskarten, S. 113
- M 2 als Arbeitsblatt und Folie, S. 114
- OHP
- Liste zum Eintragen der Projektthemen
- Sachbücher zum Thema Wasser
- Computer mit Internetzugang
- Materialien zur Präsentation: Karton, Papier usw.

Unterrichtsschritte:

- Die Kinder erhalten zunächst Zeit, Material zum Thema Wasser zu sammeln und zu sichten. Gleichzeitig sollen sie überlegen, welche Fragestellungen sie bei diesem Thema besonders interessieren.
- Im Sitzkreis benennen die Kinder die Fragestellungen, an denen sie arbeiten möchten. Nun finden sich Gruppen zusammen, die am selben oder einem ähnlichen Thema arbeiten möchten. Gegebenenfalls werden die Kinder auf die Auftragskarten mit Projektvorschlägen (M 1) verwiesen. Mit Hilfe von M 2 halten die Kleingruppen die Planung ihres Projektes schriftlich fest. Das Ausfüllen des Arbeitsblattes sollte exemplarisch anhand eines beliebigen Projektthemas gemeinsam besprochen und am OHP gezeigt werden. Dabei soll den Kindern deutlich werden, dass für die Arbeit an einer Fragestellung Teilfragen und Schlüsselwörter notwendig sind. Nur wer die relevanten Schlüsselwörter kennt, kann Suchmaschinen im Internet nutzen und in Inhaltsverzeichnissen und Registern suchen. Exemplarisch wird geklärt, was ein Inhaltsverzeichnis und was ein Register ist.
Die Auflistung der gefundenen Texte zum Thema soll den Kindern eine Übersicht darüber geben, was sie noch bearbeiten müssen. In der Spalte zur Bewertung soll markiert werden, ob der jeweilige Text sinnvolle Informationen zur Fragestellung liefert.
- Zur Bereitstellung eines Materialangebots für die Projektarbeit sollen die Kinder Bücher von zu Hause oder aus Bibliotheken beschaffen, die mit Wasser zu tun haben (auch Bücher über Tiere und Pflanzen im Wasser, Experimente, Schifffahrt …), und Geschichten, Gedichte und Sachtexte aus Büchern und Zeitschriften heraussuchen. Als Suchhilfen dienen die Literaturvorschläge und Internetadressen aus dem kommentierten Literaturverzeichnis.
Gegebenenfalls wird anhand von konkreten Beispielen besprochen, wie man in Sachbüchern und im Internet recherchiert: Dazu kann z. B. das Inhaltsverzeichnis eines Sachbuchs kopiert werden, in dem die Kinder nach vorgegebenen Schlüsselwörtern suchen sollen. Bei Schwierigkeiten in der Nutzung von Suchmaschinen im Internet gibt die Lehrkraft den einzelnen Kleingruppen Hilfestellung.
- Nun beginnt die eigentliche Arbeit an den Projektthemen, die sich über einen Zeitraum von mindestens zwei Wochen erstrecken sollte (während des Unterrichts und zu Hause). Regelmäßig sollten gemeinsame Planungsgespräche stattfinden, in denen alle Kleingruppen im Überblick darüber berichten, was sie bisher erarbeitet haben, wie sie weiter vorgehen möchten und welche Schwierigkeiten aufgetreten sind. Dadurch erhalten alle Kinder einen Einblick in die Arbeit der anderen und gewinnen Einsicht in allgemeine Strategien zur Recherche, Verarbeitung und Präsentation von Informationen. Zusätzlich können die einzelnen Kleingruppen beispielsweise durch eine Notiz an der Tafel ihren Beratungsbedarf durch die Lehrkraft anmelden, so dass diese einen Terminvorschlag für ein Treffen mit der Kleingruppe dazu schreiben kann.
- Sicherlich muss immer wieder auch reflektiert werden, wie die Teilnehmer der Kleingruppen miteinander kommunizieren und auf welche Weise sie Lösungen für strittige Punkte finden können.
- Der Umgang mit unterschiedlichen Textsorten kann reflektiert werden, indem die Kinder von ihren Erfahrungen berichten, in welchen Texten sie die für ihre Arbeit relevanten Informationen gefunden und wie sie solche Texte identifiziert haben.
- Ihre Arbeitsergebnisse präsentieren die Kleingruppen als Plakat, Wandzeitung, Projektheft etc. und stellen sie in einem Kurzvortrag vor.

Wasser ist Leben

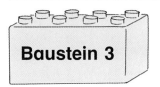

Baustein 3

Wasser ist Leben – Einem Sachtext wesentliche Informationen entnehmen

Material:

- M 3 als Arbeitsblatt und Folie, S. 115
- OHP

Unterrichtsschritte:

- In diesem Baustein werden den Kindern Hilfestellungen zur Erschließung schwieriger Sachtexte gegeben, damit ihnen die selbstständige Recherche in Sachbüchern leichter fällt.
- Zunächst liest jedes Kind den Text auf dem Arbeitsblatt M 3.
- Zu der Frage „Worum geht es im Text?" werden erste Schlüsselwörter gesammelt und an der Tafel notiert. Die Kinder versuchen, die Textsorte zu bestimmen.
- Anschließend werden die Kinder aufgefordert, den Text nochmals abschnittweise zu lesen und wichtige Begriffe zu unterstreichen. Am Rand sollen sie jeden Abschnitt in Stichworten kurz zusammenfassen (Beispiele: Die Erde besteht hauptsächlich aus Wasser; Lebewesen brauchen Wasser; Salz und andere Stoffe sind in Wasser gelöst; Zustände des Wassers).
Dies kann für die ersten Abschnitte anhand der OHP-Folie gemeinsam erarbeitet werden. Die OHP-Folie sollte dazu in einzelne Abschnitte zerschnitten werden, damit die Kinder den Überblick behalten. Für die weiteren Abschnitte überlegen die Kinder in Einzel- oder Partnerarbeit eigene Stichworte.
- Es kann reflektiert werden, welche Stichworte das Wesentliche besonders kurz und prägnant erfassen. Außerdem werden die Kinder aufgefordert, aufgrund ihrer Stichworte am Rand den Text in eigenen Worten wiederzugeben – als Überprüfung, ob sie die grundlegenden Informationen erfasst haben.
- Visualisiert werden kann das Textverständnis, indem die Kinder abschließend ein Mindmap zum gelesenen Text anfertigen.
- Als zusätzliche Übung schreiben die Kinder Fragen auf, die mit Hilfe des Textes beantwortet werden können.
- Die Kinder werden nun immer wieder angeregt, bei der Arbeit an ihren Projekten diese Texterschließungsmethoden einzusetzen. Gegebenenfalls werden einzelne Seiten aus Sachbüchern zur Hand genommen, mit denen die Kinder arbeiten und mit Randnotizen versehen. Sollte der Rand nicht breit genug sein, können die Kinder einen zusätzlichen Papierstreifen ankleben.
Zu einem späteren Zeitpunkt kann nochmals reflektiert werden, inwieweit den Kindern diese Methoden beim Verständnis der Texte helfen und welchen Schwierigkeiten sie begegnet sind.

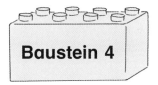

Baustein 4

Wasser sehen – Adjektive für Farbtöne erfinden

Material:

- Einmachgläser
- mit weißem Tuch bespannte Keilrahmen
- Künstlerbildbände (siehe kommentierte Literaturhinweise)
- Farbkopien von Wasserabbildungen
- M 4, S. 116

Unterrichtsschritte:

- Um die Farben des Wassers sichtbar zu machen, kann eine Wasserausstellung mit folgenden Objekten gestaltet werden:
  - In Einmachgläsern sammeln die Kinder Wasser: Leitungswasser, Regenwasser, Sprudel, Flusswasser, Spülwasser usw.

Wasser ist Leben

- ○ In Anlehnung an die Arbeiten des Künstlers Mario Reis (*1953) werden auf Keilrahmen gespannte weiße Stoffstücke in Bäche, Seen, Pfützen, Teiche und Tümpel getaucht und auf diese Weise die Farben des Wassers gesammelt. Zusätzlich werden auf diesen „Naturaquarellen" die Strömungsverhältnisse des jeweiligen Gewässers abgebildet, weil die Spuren der Schwebestoffe sich dementsprechend auf der Tuchfläche verteilen.
- ○ Im Kunstunterricht untersuchen die Kinder anhand verschiedener Bildbände, wie Künstler versucht haben, Wasser abzubilden. Sie stellen dabei fest, dass Wasser mit unterschiedlichen Farben und unterschiedlicher Struktur dargestellt wurde. Sie werden zu Nachgestaltungen angeregt, indem sie Ausschnitte aus Farbkopien dieser Werke erhalten, diese auf einen weißen Untergrund kleben und die Strukturen des Ausschnitts fortsetzen.
- Auf dem Arbeitsblatt M 4 sollen die Kinder die Farben des Wassers in Form von Bildausschnitten oder mit Wasserfarben nachgemischten Farbklecksen sammeln. Diese Farbtöne sollen nun sprachlich benannt werden. Bei der Aufgabe, die Farben des Wassers zu vergleichen, werden die Kinder feststellen, dass eine sprachliche Differenzierung notwendig ist. Eine eindeutige Benennung der Farben ist sicherlich nicht möglich, vielmehr geht es um einen kreativen Umgang mit den Farbbezeichnungen. So können die Kinder beispielsweise Adjektive wie schlammbraun, tümpelgrün, schilfgrün, himmelblau, matschgrau, steingrau usw. finden.

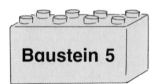

Wasser hören – Eine Geschichte verklanglichen

Material:

- M 5–6, S. 117–118
- Wasserwannen
- Gießkannen
- Metalltöpfe
- Schwämme
- Aufnahmegeräte

Unterrichtsschritte:

- Zunächst erhalten die Kinder den Auftrag, in Kleingruppen möglichst viele verschiedene Geräusche des Wassers in Schule und Alltag zu finden bzw. zu erzeugen und dann mit einem Aufnahmegerät aufzuzeichnen: z. B. Regentropfen, die gegen die Scheibe prasseln, ablaufendes Badewasser, das Rauschen der Klospülung, Rühren in einer Wasserwanne, Ausgießen von Flaschen, Gießkannen etc. Ebenso können die Kinder Wassergeräusche mit anderen Mitteln nachahmen (z. B. Prasseln des Regens durch Rasseln). Sie notieren ihre Hilfsmittel für die spätere Weiterarbeit.
- Im Plenum spielen die Kinder sich diese Geräuschesammlungen vor und tauschen sich so über ihre Ideen aus. Die anderen Kinder raten, wie die Geräusche erzeugt wurden.
- Diese Ideen werden genutzt zur Gestaltung der Klanggeschichte von M 5, die die Kinder selbstständig in den Kleingruppen lesen und dabei Ideen zur Gestaltung eines Hörspiels entwickeln. Zunächst markieren sie die Textstellen, die Geräusche zum Ausdruck bringen, und erproben dann die Umsetzung der Wassergeräusche.
- Auch diese Klanggeschichte, die von einem Erzähler vorgelesen und von Wassergeräuschen begleitet wird, soll mit einem Aufnahmegerät aufgenommen werden.
- Bei der Präsentation im Plenum achten die zuhörenden Kinder auf besonders passende Umsetzungen der Geräusche.
- Im Musikunterricht kann das Lied „Der musikalische Wasserhahn" (M 6) gesungen und mit Instrumenten und anderen Klangerzeugern begleitet werden.

Wasser ist Leben

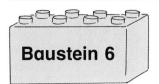

Wasser schmecken – Rezepte für Getränke notieren

Material:

- verschiedene Mineralwassersorten
- Zucker, Salz, Zitronensaft, Instanttee
- M 7, S. 119

Unterrichtsschritte:

- Als Einstieg probieren die Kinder verschiedene Mineralwassersorten (mit viel, mit wenig oder ohne Kohlensäure, eher salzig oder säuerlich etc.) und versuchen, die unterschiedlichen Geschmacksempfindungen zu verbalisieren. Außerdem können normales Leitungswasser und abgekochtes Wasser probiert werden. Möglich ist auch ein Wettbewerb, wer nach einigem Probieren nur anhand des Geschmacks die Wassersorte wieder erkennen kann.
- Dann dürfen die Kinder experimentieren, wie sich der Geschmack des Mineralwassers verändert, wenn man etwas Salz, Zucker, Zitronensaft, Instanttee etc. hinzufügt. Es sollte darauf geachtet werden, dass die Kinder vor allem mit Salz und Zucker eher sparsam umgehen – alles muss von ihnen selbst auch getrunken werden. Gleichzeitig sollen sie ihre Mischvorgänge als Rezepte formulieren. Alle Rezepte werden in einem Getränkebuch zusammengefasst.
- Im Sachunterricht können diese Mischerfahrungen in Form von Experimenten zur Löslichkeit aufgegriffen werden.

Wasser fühlen – Erlebnisse im/am/mit Wasser erzählen

Material:

- Gießkanne
- mehrere Wannen
- Schaumbad
- nasse Tücher oder Schwamm
- Eiswürfel
- Kochplatte und Kessel
- Handtücher
- M 8, S. 120
- Papier
- Plakatkarton

Unterrichtsschritte:

- Als Einstieg werden alle Kinder mit verbundenen Augen durch einen Fühlparcours mit folgenden Stationen geführt:
  - die Hand wird mit Wasser aus einer Gießkanne übergossen
  - die Hand wird durch eine Wanne mit Wasser gezogen
  - die Hand wird in ein Schaumbad getaucht
  - die Hand wird unter den Strahl eines Wasserhahns gehalten
  - mit der Hand in nasse Tücher oder nassen Schwamm greifen
  - mit der Hand Eiswürfel anfassen
  - die Hand wird über (!) eine Schüssel mit heißem, dampfenden Wasser gehalten.

Wasser ist Leben

Dieser Parcours sollte in einem freien Nebenraum für die Kinder unsichtbar aufgebaut werden. Die Lehrkraft weist zunächst zwei Kinder in die Durchführung der einzelnen Aktionen im Fühlparcours ein, die dann die anderen Kinder zu den Stationen führen. Während der Wartezeit bearbeiten die anderen Kinder eine ruhige Aufgabe.

- Zurück im Klassenraum bearbeitet jedes Kind selbstständig das Arbeitsblatt M 8, ohne den anderen Kindern von seinen Erlebnissen im Fühlparcours zu berichten. Zunächst sollen die Erinnerungen an die Sinneswahrnehmungen im Fühlparcours stichwortartig/assoziativ notiert werden. Im zweiten Schritt wählen die Kinder eine Station aus, die ihnen besonders gut gefallen hat und die sie an ein schönes Erlebnis mit Wasser erinnert. Dieses Erlebnis – z. B. das wohlige Schaumbad oder ein lustiges Ereignis beim Geschirrspülen oder die Spritzparty mit dem Gartenschlauch – dient als Schreibanlass in selbst gewählter Textform, z. B. als Erlebnisgeschichte oder Elfchen.
- In Kleingruppen lesen die Kinder sich ihre Texte vor und geben sich Anregungen und Tipps zur Überarbeitung (siehe Seite 9).
- In einer Abschlussreflexion erhalten die Kinder zunächst Gelegenheit, von ihren Wahrnehmungen und Empfindungen aus dem Fühlparcours zu erzählen. Nachdem mehrere Texte der Kinder vorgelesen wurden, benennen die Kinder besonders gelungene Aspekte der Texte. Insbesondere sollte das Augenmerk darauf gerichtet werden, durch welche Wörter die Sinneswahrnehmungen besonders plastisch beschrieben werden. Diese Wörter werden auf einem Plakat notiert.
- Als Weiterführung können die Kinder die notierten Wörter zur Überarbeitung ihrer eigenen Texte nutzen, sie nach Wortarten ordnen, ein Abc-darium oder ein Akrostichon zum Thema Wasser daraus erstellen.

Mit Wasser experimentieren – Versuche beschreiben

Baustein 8

Material:

- Auftragskarten M 9–11, S. 121–123
- M 12–13, S. 124–125
- Papier

Unterrichtsschritte:

- Zu den Wasserexperimenten wird ein Stationsbetrieb mit den entsprechenden Materialien aufgebaut, den die Kinder zu zweit oder zu dritt durchlaufen. Je nach Zeitplanung führen die Kleingruppen jeweils einen oder mehrere Versuche durch.
- Sie betrachten die Auftragskarten (M 9–11) und führen die Versuche durch. Bei *Versuch 1* können die Kinder beobachten, dass Pflanzen Wasser in die Luft abgeben und dass dieses Wasser durch Kondensation wieder flüssig wird. In *Versuch 2* geht es um das Phänomen Schwimmen und Sinken: Von den zwei gleich schweren Stücken Alufolie schwimmt dasjenige, das mit der größeren Oberfläche auf dem Wasser aufliegt. Bei *Versuch 3* werden Experimente zur Löslichkeit in Wasser durchgeführt: Während Zucker und Wasserfarbe sich im Wasser auflösen, setzen sich Mehl und Sand nach einiger Zeit auf dem Boden ab. Das Salatöl hingegen bildet Augen an der Wasseroberfläche. Bei *Versuch 4* filtern die Kinder schmutziges Wasser. Bei den Experimenten zur Verdunstung in *Versuch 5* wird erprobt, unter welchen Bedingungen Wasser besonders schnell verdunstet. Bei *Versuch 6* können die Kinder erkennen, dass gefrorenes Wasser leichter ist als flüssiges und daher schwimmt.
- Anschließend beschreiben die Kinder in schriftlicher Form die Durchführung des Versuches. Sie greifen hier auf ihre Kenntnisse zu Vorgangsbeschreibungen aus der Unterrichtsreihe „Alles Müll ... oder was?" (siehe 3. Klasse, Band 1, S. 82) zurück. Als Vorlage kann M 12/M 13 benutzt werden. Die Kinder sollten darauf hingewiesen werden, dass sie die Arbeitsschritte, Vermutungen und Beobachtungen in ganzen Sätzen beschreiben sollen. Anhand der Überschriften und Satzanfänge ist ersichtlich, dass die Sätze im Präsens verfasst werden sollen.

Wasser ist Leben

- Die ersten Versuchsbeschreibungen werden gemeinsam hinsichtlich ihrer Vollständigkeit, Verständlichkeit und Logik reflektiert. Gegebenenfalls verweist die Lehrkraft auf strukturierende Konjunktionen: Zuerst, dann, danach, nachdem, nun, jetzt, zum Schluss usw.
- Danach überarbeiten die Kinder ihre Versuchsbeschreibungen, führen weitere Versuche durch und beschreiben sie.

Die Wortfamilie Wasser – Wörter in ihre Bestandteile zerlegen

Baustein 9

Material:

- evtl. Wörterbücher

Unterrichtsschritte:

- Mit Hilfe ihrer bisher gelesenen und selbst verfassten Texte sowie des Wörterbuches sollen die Kinder in Einzel- oder Kleingruppenarbeit möglichst viele Wörter finden, die den Baustein „Wasser" enthalten, auch in abgewandelter Form wie „wäss".

Beispiele:
Abwasser, Mineralwasser, Brunnenwasser, Meerwasser, Leitungswasser, Trinkwasser, Kühlwasser, Süßwasser, Salzwasser, Zuckerwasser, Spülwasser, Badewasser, Hochwasser, wässrig, Bewässerung, bewässern, Entwässerung, entwässern, Wasserwerk, Wasserleitung, Wasserhahn, Wassereimer, Wasserspiele, Wasserschlacht, Wasseruhr, Wasserschaden, Wasserflasche, Wassermassen, Wassertiere, Wasserpflanzen, Wasserfloh, Wasserkraft, Wasserfarbe, Wassermusik, Wasserkreislauf, Wasserbad, Wasserball, Wasserbett, Wasserburg, Wassermangel, Wasserpumpe, Wasserrad, Wasserdampf, Wasserfall, Wasserstoff, Wasserstrahl, Wassertemperatur, Wassertiefe, Wassertropfen, Wasserverbrauch, Wasserverschmutzung, wasserfest, wasserdicht, wasserlöslich, wasserscheu, wasserarm, wasserreich.

- Exemplarisch wird nun gemeinsam die Schreibung von Begriffen wie *Entwässerung*, *Wasserrad* und *Wasserverschmutzung* diskutiert. Dabei wird deutlich, dass mit der Zerlegung in die einzelnen Wortbestandteile (Morpheme) argumentiert werden muss: Ent/wäss/ung, Wasser/rad, Wasser/ver/schmutz/ung.
- Anschließend werden die Wörter *wasserreich, Wasserrohr, Bewässerung* und *wässrig* von der Lehrkraft diktiert und von den Kindern notiert.
- Als zusätzliche Übung sortieren die Kinder die gefundenen Wörter nach Wortarten, indem sie diese in eine Tabelle schreiben.

Lernwörter

der	**Bach**, die Bäche		**nass**
der	**Dampf**, die Dämpfe		**plätschern**, er plätschert
das	**Eis**		**schwimmen**, er schwimmt
	fließen, er fließt	der	**See**, die Seen
der	**Fluss**, die Flüsse		**sinken**, er sinkt
	flüssig	der	**Teich**, die Teiche
	gefrieren, er gefriert		**trocken**
das	**Gewässer**, die Gewässer		**verdunsten**, er verdunstet
das	**Meer**, die Meere	das	**Wasser**

Wasser ist Leben

Möglichkeiten der Lernerfolgskontrolle

Bei der Bewertung der Projektarbeit können folgende sprachliche Aspekte berücksichtigt werden:
- *Logik:* logische Abfolge der Informationen, verständliche Formulierung der logischen Zusammenhänge.
- *Verständlichkeit und treffende Wortwahl:* eigenständige Formulierungen zu den Sachzusammenhängen mit treffenden Ausdrücken und angemessenem Satzbau.
- *Übersichtlichkeit der Präsentation:* Verwendung von Überschriften, Gliederung längerer Texte in Absätze, sinnvolles Einfügen von Abbildungen.

Das Verfassen einer Vorgangsbeschreibung kann bewertet werden, indem die Kinder die Durchführung eines selbst gewählten Versuchs beschreiben.

Kommentierte Literaturhinweise

Sachbücher zu den Themen Wasser, Wetter und Gewässer:

- Challoner, Jack: Nass und trocken. Lüneburg: Saatkorn 1997.

  Anhand verschiedener Alltagsphänomene nähert sich dieses Buch mit vielen Abbildungen und sehr kurzen Texten dem Thema Wasser. Insbesondere zeichnet es sich durch die zahlreichen Anleitungen zu Experimenten aus.

- Challoner, Jack: Schwimmen und Sinken. Lüneburg: Saatkorn 1997.

  Anhand von Schwimmern und Tauchern, Booten, Flößen, Schiffen, Wassertieren, Eisschollen, Wasserpflanzen und schwimmenden Flüssigkeiten werden auch hier physikalische Eigenschaften des Wassers anschaulich mit vielen Bildern und sehr kurzen Texten erläutert. Ebenso finden sich Anleitungen zu leicht durchführbaren Experimenten.

- Costa-Pau, Rosa: Was ist los mit dem Meer. Lüneburg: Saatkorn 1993.

  Mit kurzen Texten und guten Illustrationen werden Themen wie Zusammensetzung von Meerwasser, Meeresströmung, Pflanzen und Tiere im Meer und ihre Nahrungskette, Bodenschätze des Meeres, der Wasserkreislauf, Wasserverbrauch und Abwasserreinigung erläutert. Außerdem werden Experimente zum Mischen von Öl und Wasser sowie zum Filtern von Wasser angeleitet.

- Crummenerl, Rainer: WAS IST WAS. Luft und Wasser. Nürnberg: Tessloff 1996.

  In teilweise eher schwierigen Texten und mit einigen prägnanten Illustrationen werden Fragen geklärt wie z. B.: Herkunft des Wassers der Erde, Bedeutung des Wassers für die Entstehung der Lebewesen, chemische Zusammensetzung, Aggregatzustände, Oberflächenspannung des Wassers, Wasserkreislauf, Notwendigkeit zum sparsamen Umgang mit Wasser, Wasserreinigung, Nutzung von Gewässern als Transportwege und zur Energiegewinnung.

- Crummenerl, Rainer: WAS IST WAS. Meereskunde. Nürnberg: Tessloff 1993.

  Hier findet man Informationen zu folgenden Themen: Menge an Wasser auf der Erde, Geschichte und Methoden der Meereserforschung, Struktur des Meeresbodens, Salzgehalt des Meerwassers, Entstehung von Wellen und Gezeiten, Wasserkreislauf, Lebewesen und ihre Nahrungskette, Rohstoffgewinnung und Schutz der Meere.

- Dumaine, Geneviève: Die Welt der Ströme, Flüsse und Bäche. Ravensburg: Otto Maier 1988.

  Dieses relativ komplexe Taschenbuch liefert sowohl einen sachbezogenen als auch einen literarischen Zugang in Form von Gedichten zu den Phänomenen Fluss und Bach. Beginnend mit einem Schaubild „Von der Quelle zur Mündung" werden typische Erscheinungen der einzelnen Phasen durch Text und Bild dargestellt. Wie sich Bäche und Flüsse ihre Wege bahnen, wird ebenso erläutert wie die verschiedenen Lebensformen im Fluss, Fischfang und Fischzucht, Brückenbau, Schifffahrt, die Hochwasserproblematik und die Wasserverschmutzung. Darüber hinaus werden einzelne wichtige Flüsse wie Nil, Ganges und Amazonas thematisiert. Am Schluss findet sich ein Glossar.

- Farndon, John: Wetter. Naturführer für Kinder. München: Omnibus 1999.

  Phänomene wie Luftfeuchtigkeit, Regen und Nieselregen, Nebel und Dunst, Frost und Eis, Schnee u. a. veranschaulichen die Aggregatzustände des Wassers und werden hier in Form von Schaubildern mit kurzen erklärenden Texten, Detailaufnahmen – z. B. von Wassertropfen – sowie Anleitungen zu Versuchen erläutert.

- Haas, Claudia/Schießer, Sigrid/Wahrenberg, Astrid: Das Wasserbuch. Wissen und Spaß für kleine Wasserforscher. Düsseldorf: Patmos 2004.

  Dieses ansprechend gestaltete Buch aktiviert in besonderer Form die Eigenaktivität der Leser: Die Bilder laden nicht nur zum Erzählen ein, sondern sind häufig zusätzlich mit Rätselaufgaben verbunden. Die Anleitungen zu den leicht durchführbaren Experimenten werden durch verständliche Erklärungen zu den Phänomenen ergänzt. So wird auf anschauliche Art Wissen vermittelt über den Wasserkreislauf, die Problematik von Schwimmen und Sinken, die Aggregatzustände, den Wasserverbrauch, die Wasserversorgung und Abwasserreinigung und das Leben in Bach und Teich.

Wasser ist Leben

- Lambert, David: Tessloffs Buch der Meere. Nürnberg: Tessloff 1998.

  Dieses Buch zeichnet sich vor allem durch seine eindrucksvollen Fotos und Schaubilder – z. B. Querschnitten durch Landschaften, Meere und Erdschichten – aus. Es behandelt Themen wie Versunkenes Land und Landschaften unter dem Meer, Meeresströmungen und Gezeiten, Tiere im Meer, Entdeckungen und Erforschung des Meeres, das Meer in Mythologie und Kunst, Nutzung des Meeres für Schifffahrt, Fischfang und Rohstoffgewinnung, Stürme und Unwetter sowie Wasserverschmutzung. Hinten findet man eine Liste berühmter Meeresforscher und ein Glossar wichtiger Begriffe.

- Thiel, Hans-Peter/Würmli, Marcus: Der Weg des Wassers. Der ewige Kreislauf des Wassers als Lebensgrundlage für Menschen und Tiere. Mannheim: Meyers Jugendbibliothek/Bibliographisches Institut und F. A. Brockhaus AG 1995.

  Dieses aufwändig gestaltete Sachbuch mit Folienseiten, ausklappbaren Elementen, speziell ausgeschnittenen Seiten und selbst einzufügenden Selbstklebebildern behandelt folgende Themen im Überblick: die chemische Zusammensetzung sowie die chemischen Eigenschaften von Wasser, seine Bedeutung in der Evolution, den Wasserkreislauf, die Lebensbedingungen für Pflanzen und Tiere in und an Meeren, Bächen, Flüssen und Seen, Fragen der Wasserversorgung, Hygiene, Nahrungsgewinnung, von Transportwegen, Wassersport und Wasserschutz. Im Anhang finden sich Listen mit thematisch relevanten Museen, Erläuterungen zu Forschern und Erfindern, ein Glossar zu den Fachbegriffen sowie interessante Zahlen und Fakten.

- Veit, Barbara/Wolfrum, Christine: Das Buch vom Wasser. Die Welt bewahren. Band 3. Ravensburg: Ravensburger 1992.

  Dieses relativ komplexe Taschenbuch verdeutlicht den Schwerpunkt „Wasser ist Leben" mit folgenden Themenaspekten: Heilkräfte des Wassers, Wasser als Hauptbestandteil der Erde, Herkunft und Eigenschaften des Wassers, Wasserkreislauf, Meeres- und Süßwassertiere, Watt, mythologische Bedeutung des Wassers, Rolle des Wassers für die Zivilisation, Wasserkraft zur Energiegewinnung, Konsequenzen des Süßwassermangels und der Wasserverschmutzung, Wassermangel als politisches Problem, Kläranlagen und Wasserschutz.

Kunstbildbände:

- Becker, Wolfgang (Hrsg.): Nils-Udo. Kunst mit Natur. Katalog zur Ausstellung. Köln: Wienand 1999.

  Bei seinen Natur-Installationen in verschiedenen Gewässern wie Tümpeln, Teichen, Bächen und Meeren nutzt Nils-Udo die Eigenschaften des Elements Wasser als künstlerisches Stilmittel: die Spiegelung der Farbigkeit und Struktur der Umgebung wird ebenso bewusst in seinen Fotografien festgehalten wie der Gezeitenwechsel des Meeres oder die durch Strömung des Wasser erzeugten verschiedenen „Zustände" der Installationen in einer Bildfolge. Gegenstände aus der Natur wie Sonnenblumenköpfe, Laubblätter, Stöcke etc. gestaltet der Künstler auf schlichte Weise zu Booten, die er auf die Reise durch verschiedene Gewässer schickt. Ein rundes Floß, das mit tausend Narzissen bepflanzt ist, lässt er ins Meer hinausgleiten und verfolgt dessen Reise mit fotografischen Luftaufnahmen.

- Kirchner, Constanze/Kirschenmann, Johannes: Ästhetische Zugänge zur Natur. Material Kunst + Unterricht. Velber: Friedrich 1997.

  Hier werden u. a. die zeitgenössischen Künstler Mario Reis und Andy Goldsworthy vorgestellt, die das Element Wasser als künstlerisches Mittel nutzen. Mario Reis stellt „Naturaquarelle" her, indem er mit Baumwollstoff bespannte Keilrahmen in verschiedene Gewässer taucht, bis sich Spuren von Schwebstoffen bilden. Andy Goldsworthy hat fotografisch festgehalten, wie sich seine Naturobjekte in einem zunächst trockenen, zwei Tage später jedoch überfluteten Bachlauf verändern.

- Sagner-Düchting, Karin: Claude Monet. Ein Fest für die Augen. Köln: Benedikt 1994.

  Darin: Der Strand von Saint-Adresse, 1867 (S. 37), La Grenouillerère (Der Froschteich), 1869 (S. 43), Das Atelierboot, 1874 (S. 65), Impression, Sonnenaufgang, 1873 (S. 77), verschiedene Brücken bei Argenteuil (S. 81 ff.), Stürmisches Meer, 1881 (S. 121), Das Felsentor Manneporte, 1883 (S. 133), Das wilde Meer, 1886 (S. 149), Seinearm bei Giverny, 1897 (S. 181), Das Palazzo Contarini, 1908 (S. 187), die Seerosenbilder (S. 188 ff.)

- Sommer, Tim: Visionen von der Wirklichkeit. In: ART 4/2001, S. 24–49.

  Andreas Gurskys Fotografie „Rhein II" (1999) bildet einen am Computer zum idealtypisch modernen Flusslauf begradigten Rhein ab. Beim Vergleich mit Abbildungen natürlicher Flussläufe kann Kindern Gurskys Kritik am Eingriff in die Natur deutlich werden.

Internetadressen:

- archiv.greenpeace.de/GP_DOK.3P/KIDS/SONSTIGE/INDEXKID.HTM

  Auf diesen Internetseiten für Kinder liegt unter der Rubrik „Wassergeist" der Schwerpunkt auf dem Thema „Wasserschutz".

- www.bafg.de/servlet/is5412

  Die Bundesanstalt für Gewässerkunde gibt hier aktuelle Auskünfte über die Pegelstände deutscher Flüsse.

- www.bayern.de/wwa-an/html,1277.html

  Das Wasserwirtschaftsamt Ansbach stellt unter dem Titel „Ein Tropf geht auf Reisen" Internetseiten für Kinder zur Verfügung, die Schaubilder und Texte zu Wasserkreislauf und Wasserversorgung bieten.

Wasser ist Leben

- www.kidsnet.at/Sachunterricht/Wasserstart

    Auf kindgerecht gestalteten Seiten werden Themen wie Wasserkreislauf, Wasserschutz, Wassernot, Aggregatzustände, Wassertiere, Gewässerarten und Grundwasser erklärt.

- www.wasistwas.de

    Gibt man das Stichwort „Wasser" in die Suchmaschine ein, werden zahlreiche Themenaspekte zur weiteren Recherche angeboten. Die entsprechenden Sachfragen werden verständlich beantwortet.

- www.wasser-macht-schule.de

    Hier findet die Lehrkraft Informationen über Schulprojekte zum Thema Wasser.

- www.wasser-macht-schule.com

    Auf den Seiten des Gemeinschaftsprojektes der Wasserversorgungsunternehmen in Deutschland finden sich Informationen zur kostenlosen Bestellung des Spiel- und Spaßbuchs „Wasser-Zwerge", Kopiervorlagen zur Beschäftigung mit dem Thema Wasser im Grundschulunterricht als kostenlose Downloads sowie Kinderseiten mit einem Wasserlexikon, Versuchen mit Wasser, einem Wasser-Wissensspiel, ein Wasserkreislauf-Puzzle und Wasserstimmen.

Projektvorschläge 1–4 M 1

Projektvorschlag 1

Woher kommt der Regen?

1. Suche Sachbücher zum Thema „Wetter".
   Suche Internetseiten zum Thema „Wetter".
2. Finde heraus, was mit „Wasserkreislauf" gemeint ist.
3. Zeichne dazu ein Schaubild.

Projektvorschlag 2

Wohin fließt das schmutzige Wasser?

1. Suche Sachbücher zu den Themen „Wasser" und „Wasserversorgung".
2. Suche darin nach den Stichwörtern „Abwasser", „Abwasserreinigung" und „Kläranlage".
3. Was passiert in einer Kläranlage? Schreibe deine Erklärungen auf.
4. Woraus besteht eine Kläranlage? Zeichne ein Schaubild.

Projektvorschlag 3

Wie kommt das Wasser in die Leitung?

1. Suche Sachbücher und Internetseiten zum Thema „Wasser".
2. Suche nach den Stichwörtern „Wasserversorgung", „Wasserleitung", „Wasserwerk", „Wassergewinnung" und „Trinkwasseraufbereitung".
3. Was passiert in einem Wasserwerk? Beschreibe in eigenen Worten.
4. Erkundige dich, welches Unternehmen in deinem Wohnort für die Wasserversorgung zuständig ist.
5. Schreibe einen Brief oder eine E-Mail an das Unternehmen und frage nach, woher das Wasser deines Wohnortes kommt.
   - Erkläre den Begriff „Talsperre".
   - Erkläre den Begriff „Grundwasser".

Projektvorschlag 4

Wer oder was lebt im Fluss?

1. Suche Sachbücher und Internetseiten zu den Themen „Fluss", „Wassertiere" und „Wasserpflanzen".
2. Sammle die Namen von Pflanzen und Tieren, die in Flüssen deiner Umgebung leben.
3. Wie können Tiere im Wasser atmen?
4. Was fressen Tiere im Wasser?
5. Wie schlafen Tiere im Wasser?

Name: Datum: **M 2**

Planung eines Projektes zum Thema Wasser

Fragestellung:

_____

Mitarbeiter und Mitarbeiterinnen:

_____

Einzelne Fragen, die mit dem Thema zu tun haben:

1. _____

2. _____

3. _____

Schlüsselwörter für die Fragen und das Thema:

_____

_____

Suche im Inhaltsverzeichnis und im Register nach den Schlüsselwörtern!

Gib die Schlüsselwörter in eine Suchmaschine ein!

In diesen Büchern und Internetseiten steht etwas zu den Schlüsselwörtern:	Seiten- zahlen	Gelesen? ✔	Bewertung + / −

Name: Datum: **M 3**

Wasser ist Leben

Platz für Notizen:

Unser Planet „Erde" hat einen falschen Namen: Eigentlich müsste er „Wasser" heißen! Die Meere sind nämlich viel größer als alle Kontinente zusammen. Zum größten Teil besteht die Erde also aus Wasser und nicht aus festem Land. Die Erde ist der einzige „Wasserplanet" in unserem Sonnensystem. Alle anderen Planeten bestehen aus Stein oder Gas. Wasser gibt es dort nicht. Ohne Wasser gäbe es bei uns auf der Erde keine Menschen, Tiere und Pflanzen. Denn jedes Lebewesen besteht zum größten Teil aus Wasser und muss täglich Wasser zu sich nehmen. Beispiel: Ein Mensch, der 40 Kilogramm wiegt, hat 28 Kilogramm Wasser in sich. Denn unser Blut und unsere Zellen enthalten hauptsächlich Wasser. Deshalb sollten wir täglich 2,5 bis 3,5 Liter Wasser zu uns nehmen. Wasser steckt in unserem Essen und natürlich in den Getränken.
In Wasser können sehr viele Stoffe gelöst sein. Im Wasser der Meere ist Salz aufgelöst. Wenn man Meerwasser in den Mund nimmt, merkt man: Es schmeckt salzig. Wir Menschen und viele Tiere und Pflanzen können das Salzwasser nicht trinken. Es macht uns nämlich immer durstiger. Unsere Zellen würden austrocknen. Daher brauchen wir unbedingt Süßwasser zum Trinken. Obwohl die Erde fast nur aus Wasser besteht, gibt es zu wenig Süßwasser. Nur ein sehr geringer Teil des Wasservorkommens ist nicht salzig oder festgefroren. Vor allem in der Wüste gibt es zu wenig Süßwasser. Außerdem sind heute viele Flüsse und Seen verschmutzt. Leider lassen viele Fabriken ihr schmutziges Wasser in die Flüsse fließen, ohne das Wasser von den Giften zu säubern.
Wasser kann aber auch seinen Zustand verändern. Bei 0 Grad gefriert es zu Eis, zum Beispiel bei großer Kälte draußen im Winter oder im Gefrierfach. In wärmerer Umgebung schmilzt das Eis wieder. Wenn das Wasser kocht, geht es bei 100 Grad zu Dampf über. Setzt man dann einen kalten Deckel auf den Topf, setzt sich der Dampf daran ab und wird wieder zu Tropfen. Auch wenn wir das Wasser nicht erhitzen, wird es langsam zu Wasserdampf. Ganz langsam wandern kleine Wasserteilchen in die Luft. Das nennt man Verdunstung.

Name: Datum: **M 4**

Wasser sehen

1. Welche Farben kann Wasser haben?
   Male oder klebe die Farben in die Kreise.

2. Wie heißen diese Farbtöne? Schreibe sie neben die Farbkleckse.
   Du kannst auch neue Farbadjektive erfinden,
   tümpelgrün, froschgrün, schilfgrün …

Name: Datum: **M 5**

Wasser hören

Platz für Notizen:

Es waren einmal zwei Regentropfen, die hießen Pling und Plong.
Sie sahen sich verblüffend ähnlich, aber Plong war etwas größer und daher auch lauter. Pling und Plong hatten ihr Regentropfenleben gründlich satt: Immer nur von Wasserhähnen heruntertropfen, im Märzregen gegen die Fensterscheiben prasseln – es war einfach langweilig. Sie träumten von Reisen, von einem Leben in Flüssen, Wasserfällen, Wildbächen und – warum auch nicht? – im Meer.
Also machten sie sich auf den Weg. Und ehe sie sich's versahen, waren Pling und Plong in einem finsteren Wald, und der Wind pfiff durch die Büsche und Bäume. Das Knacken der Äste und das Rascheln des Laubes ließ sie erschaudern, das Heulen von Wölfen und das Brüllen wilder Tiere jagte ihnen Angst ein. Sie waren in ein furchtbares Unwetter geraten. Was konnte es Schöneres geben als ein richtiges Gewitter? Doch da krachte ein Donnerschlag, so laut, dass die beiden Hals über Kopf davonrannten. „Plong, nichts wie weg von hier! Ich will nach Hause!", rief Pling, und Plong schloss sich ihm an. Aber glücklich waren sie nicht: Wenn sie sich ansahen, kullerten ihnen die Tränen über die Wangen, denn sie hatten es nicht geschafft, ihren Traum zu verwirklichen.
Doch plötzlich hörten sie aus der Ferne ein leises Plätschern. Zuerst wollten sie ihren Ohren nicht trauen – doch als sie näher kamen, sahen sie es: das Meer! Das Tosen der Wellen, die sich am Ufer brachen, war Musik in ihren Ohren. Als Pling und Plong hineinsprangen, erfüllte sich endlich
ihr Traum: eins zu werden mit
den unzähligen Wassertropfen,
aus denen das Meer besteht.

Der musikalische Wasserhahn

Texter/Komponist: Klaus W. Hoffmann/Hoffmann, Mika

1. Es war einmal ein Wasserhahn, der tropfte pausenlos,

und jeder, der ihn hörte, fand den Rhythmus ganz famos.

Er tropfte nicht nur einfach so, wie's jeder Hahn versteht.

Sein Rhythmus war voll Swing und Pep und Musikalität.

Refr.: Ti-pi ti-pi tup tup tropft der Rhythmus, ti-pi ti-pi tup tup immerzu,

ti-pi ti-pi tup tup tup der Wasserhahn gab einfach keine Ruh.

2. Die Tassen applaudierten,
und das Handtuch rief entzückt:
„Dein Rhythmus, lieber Wasserhahn,
klingt ja total verrückt!"
Die Messer und die Gabeln
tanzten quietschvergnügt umher,
und auch dem alten Suppentopf
gefiel der Rhythmus sehr.

Refrain

3. Der Flötenkessel tanzte mit
und pfiff die Melodie.
Die Teller klapperten im Takt
mit sehr viel Fantasie.
Die Töpfe schepperten im Schrank,
die Gläser klirrten leis',
der Abfalleimer rülpste laut
und drehte sich im Kreis.

Refrain

4. Da sprach die alte Küchenuhr,
dass ihr der Takt gefällt,
und hat ihr Ticken auf den
Wasserrhythmus umgestellt.
Auf einmal war es mäuschenstill,
der Klempner kam herein.
Der Wasserhahn wurd' repariert
und ließ das Tropfen sein.

Name: Datum: **M 7**

Rezept für

(Name des Getränks)

Zutaten:

So geht es:

Rezept für

(Name des Getränks)

Zutaten:

So geht es:

Name: Datum: M 8

Wasser fühlen

1 Was hast du im Fühlparcours gespürt?
Woran hast du gedacht?
Schreibe deine Gedanken in Stichworten auf.

2 Vielleicht hat dich etwas aus dem Fühlparcours
an ein besonderes Erlebnis mit Wasser erinnert.
Schreibe ein Gedicht oder eine Geschichte über dein Wassererlebnis.

Auftragskarten 1–2 M 9

Versuch 1

Ein Mini-Garten

Ihr braucht: ein Marmeladenglas mit Deckel, Blumenerde, kleine Pflanzen mit Wurzeln (von der Wiese), Kieselsteine

1. Füllt die Kieselsteine in das Glas.
2. Schüttet etwas Blumenerde darauf und verteilt sie gleichmäßig.
3. Bohrt mit dem Finger Löcher in die Erde und setze kleine Pflanzen hinein.
4. Gießt eure Pflanzen mit wenig Wasser.
5. Schraubt den Deckel auf das Glas.
6. Stellt das Glas an einen hellen, aber nicht zu warmen Ort. Gießt die Pflanzen nicht mehr.
7. Vermutet: Was wird passieren?
8. Beobachtet das Glas mehrere Tage lang.

Versuch 2

Schwimmversuche

Ihr braucht: zwei gleich große Stücke Alufolie, eine Wasserwanne

1. Nehmt ein Stück Alufolie und faltet es immer wieder zusammen, bis ein winziges Rechteck entsteht. Drückt es immer wieder fest zusammen.
2. Nehmt das andere Stück Alufolie und baut daraus eine breite Schale.
3. Vermutet: Was wird mit der Schale und dem kleinen Rechteck passieren, wenn ihr sie auf das Wasser der Wanne legt?
4. Probiert es aus.

Auftragskarten 3–4 M 10

Versuch 3

Wasser mischen

Ihr braucht: mehrere Marmeladengläser mit Deckel, Zucker, Mehl, Salatöl, Wasserfarbe, Sand

1. Füllt alle Gläser bis zur Hälfte mit Wasser.
2. Fügt in jedes Glas eine andere Zutat hinzu und rührt um.
3. Schließt die Deckel und schüttelt die Gläser kräftig.
4. Schaut genau hin: Wie sieht das Wasser jetzt aus?
5. Lasst die Gläser eine Weile stehen, ohne sie zu bewegen.
6. Vermutet: Was wird passieren?
7. Beobachtet.

Versuch 4

Schmutzwasser

Ihr braucht: eine große Plastikflasche mit Schraubverschluss, deren Boden aufgeschnitten ist, Sand, Kieselsteine, Watte, eine Tasse schmutziges Wasser, ein Glas

1. Schraubt den Deckel der Flasche zu und dreht sie auf den Kopf.
2. Füllt die Watte durch den offenen Flaschenboden ein.
3. Schüttet erst den Sand und dann die Kieselsteine darauf.
4. Vermutet: Was wird passieren, wenn ihr schmutziges Wasser in die Flasche gießt?
5. Probiert es aus.
6. Öffnet den Schraubverschluss und lasst das Wasser in ein Glas laufen.
7. Beobachtet.

Auftragskarten 5–6 M 11

Versuch 5

Wäsche trocknen

Ihr braucht: drei Stofflappen, einen Fön

1. Haltet die Lappen unter Wasser und wringt sie dann aus.
2. Vermutet: Wo und wie trocknen die Lappen am schnellsten?
3. Legt einen Lappen in den Kühlschrank oder nach draußen an eine kühle Stelle.
4. Legt einen Lappen auf die warme Heizung oder in die Sonne.
5. Haltet einen Lappen in die warme Luft eines Föns.
6. Vergleicht: Welcher Lappen ist am schnellsten getrocknet?

Versuch 6

Eisberge

Ihr braucht: Eiswürfel verschiedener Größe, Wanne mit Wasser

1. Vermutet: Werden die Eiswürfel schwimmen oder sinken?
2. Legt die Eiswürfel ins Wasser.
3. Beobachtet.

Name: Datum: **M 12**

Versuchsbeschreibung (Teil 1)

Name des Versuchs:

_____

1. Vorbereitung:

Wir brauchen _____

_____

_____

_____

_____

_____

2. Durchführung:

Zuerst _____

_____

_____

_____

_____

_____

Name: Datum: **M 13**

Versuchsbeschreibung (Teil 2)

3. Vermutung: Was wird passieren?

Wir vermuten, dass _____

4. Beobachtungen:

6. Unterrichtsreihe: Bei den Indianern

(ca. 12–15 Unterrichtsstunden)

Ziele

Mündliches Sprachhandeln

- eine erfundene Geschichte erzählen und die Reaktionen der Zuhörerinnen und Zuhörer einbeziehen
- einen Kurzvortrag halten

Schriftliches Sprachhandeln

- einen Dialog schreiben
- eigene Fragen formulieren
- eine Geschichte zur Namensgebung schreiben
- eine Geschichte in Symbolschrift anfertigen

Rechtschreiben

- Wörter mit *Pf* und *pf* üben
- die Zusammensetzung von Nomen wiederholen

Umgang mit Texten und Medien

- informierendes Lesen üben
- Gelesenes in Bilder umsetzen
- Texte in ihrer äußeren Gestaltung optimieren

Sprache reflektieren

- das Zeichensystem des Alphabets mit einer Symbolschrift vergleichen

Bausteine der Unterrichtsreihe

1. Was wir über Indianer wissen wollen – Gestalten einer Indianerwand
2. „Dicker Bär und Dünner Adler" – Erfinden von Indianernamen
3. Wie die Indianer nach Amerika kamen – Informierendes Lesen
4. Wie Christoph Kolumbus sich irrte – Informierendes Lesen
5. Das Familienleben der Indianer mit dem eigenen vergleichen – Anlegen einer Tabelle
6. Wie die Indianer wohnten – Informierendes Lesen und Üben eines Kurzvortrags
7. Zeitreise: Wir treffen einen Indianer – Einen Dialog schreiben und vorspielen
8. Indianische Schriftzeichen – Eine Geschichte zeichnen und erzählen
9. Die Friedenspfeife – Wörter mit *Pf* und *pf* üben

Didaktischer Kommentar

Kaum ein Thema im Unterricht ruft bei Kindern eine solche Faszination hervor wie das Thema Indianer. Vielfach verfügen die Kinder über zahlreiche Informationen, weshalb sich diese Unterrichtsreihe zu Beginn mit dem Sammeln von bereits vorhandenem Wissen und aufkommenden Fragen beschäftigt (Baustein 1). Andererseits haben Kinder jedoch häufig ein verfälschtes Bild vom Leben der Indianer. Daher ist eine Vertiefung im Sach-

Bei den Indianern

unterricht besonders im Bereich „Geschichte der Indianer" zwingend notwendig. In diesem Zusammenhang sollte nicht nur der Einfluss der Europäer seit Anfang des 19. Jahrhunderts thematisiert werden, sondern auch das heutige Leben der Indianer aufgegriffen werden. Ebenfalls kann im Sachunterricht der Umgang mit dem Atlas (Baustein 3 und 4) vertieft werden.

Die vorliegende Unterrichtsreihe stellt das informierende Lesen in den Mittelpunkt (Baustein 3–6). Im Anschluss an das Lesen setzen die Kinder die gewonnenen Informationen auf unterschiedliche Weise ein: So vergleichen die Kinder beispielsweise das Leben der Indianer mit ihrem eigenen (Baustein 5). In Baustein 6 erfolgt die Umsetzung in Form eines Kurzvortrages und in Baustein 7 nutzen die Kinder das Gelesene, um einen fiktiven Dialog zwischen einem Menschen heute und einem früher lebenden Indianer zu schreiben.

In Baustein 8 lernen die Kinder ein Symbolsystem der Indianer kennen. So können sie Unterschiede zu dem ihnen bekannten Schriftsystem wahrnehmen.

Den Abschluss bildet Baustein 9, der im Bereich Rechtschreiben Wörter mit *Pf* und *pf* und die Schreibung von zusammengesetzten Nomen thematisiert.

Bausteine der Unterrichtsreihe

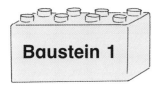

Baustein 1 — Was wir über Indianer wissen wollen – Gestalten einer Indianerwand

Material:

- M 1 auf DIN A3 kopiert, S. 133
- M 2, S. 134
- Bücher zum Thema Indianer
- großes Tuch oder freie Tafel in der Klasse

Unterrichtsschritte:

- Die Lehrkraft legt das Foto eines Indianers (M 1) in die Mitte des Sitzkreises. Möglicherweise können weitere Fotos aus Bildbänden oder Büchern zum Thema Indianer hinzugelegt werden. Die Kinder äußern ihre Ideen und erzählen, was sie bereits über das Thema wissen.
- Die Lehrkraft informiert die Kinder darüber, dass sie gemeinsam eine Indianerwand gestalten werden. Auf dieser Wand sollen zunächst Fragen zum Thema gesammelt werden. Gleichermaßen soll sie aber auch Platz dafür bieten, Antworten auf die gestellten Fragen und darüber hinaus interessante Informationen zu veröffentlichen.
- Jedes Kind erhält jeweils zwei Indianervorlagen (M 2). Auf der ersten sollen die Kinder vorhandenes Wissen zum Thema Indianer notieren. Auf dem zweiten Indianerumriss werden Fragen zum Thema formuliert, die im Laufe der Unterrichtsreihe beantwortet werden. Nachdem beide Indianerumrisse ausgeschnitten wurden, werden sie auf einem Tuch an der Indianerwand befestigt. Die Kinder können im Anschluss die Informationen und Fragen der anderen lesen. Möglicherweise werden hier schon einige Fragen beantwortet.
- Im Laufe der Unterrichtsreihe können die Kinder immer wieder neue Indianerumrisse mit Informationen oder Fragen an die Wand hängen. Dafür sollten Vorlagen in der Nähe der Wand zur Verfügung stehen. Beantwortete Fragen können abgehakt oder auch zu den Informationen gehängt werden. Ebenso sollten die Kinder immer wieder dazu angeregt werden, kleine Zeichnungen oder Bilder für die Wand zu gestalten.

Bei den Indianern

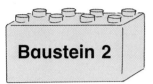

Dicker Bär und Dünner Adler – Erfinden von Indianernamen

Material:

- M 3, S. 135
- M 4 auf Pappe kopiert, S. 135
- M 5, S. 136

Unterrichtsschritte:

- Die Kinder lesen den Text des Liedes „Dicker Bär und Dünner Adler" (M 3). Sie äußern ihre Gedanken. Möglicherweise gehen sie bereits hier auf die markanten Indianernamen ein. Vielfach bestehen Indianernamen aus einem (großgeschriebenen) Adjektiv und einem Nomen. Die Kinder können weitere Indianernamen, die sie z. B. aus Büchern oder Filmen kennen, ergänzen.
- Die Lehrkraft singt mit den Kindern das Lied „Dicker Bär und Dünner Adler" (M 3).
- Die Kinder lesen die kleine Geschichte zur Namensgebung bei Indianerkindern (M 5). Im Anschluss überlegen sie sich einen passenden Indianernamen für ein anderes Kind. Die Kinder schreiben eine Geschichte, wie das Kind zu seinem Namen gekommen sein könnte.
- Die Kinder stellen sich gegenseitig ihre Namen und die Geschichte vor. Das Kind, für das der Indianername erfunden wurde, gibt eine Rückmeldung darüber, wie ihm sein Indianername gefällt. Gleichermaßen kann mit allen zusammen überlegt werden, ob der Name inhaltlich passend ist oder auch gegebenenfalls abgeändert werden soll.
- Die Kinder beschriften die Namensschilder und malen sie an (M 4).
- Die Namensschilder können entweder an der Indianerwand befestigt oder von den jeweiligen Kindern getragen werden.

Wie die Indianer nach Amerika kamen – Informierendes Lesen

Material:

- M 6, S. 137
- Globus, Weltkarte

Unterrichtsschritte:

- Die Kinder lesen den Text „Wie die Indianer nach Amerika kamen" (M 6). Nachdem der Begriff Wasserstraße gemeinsam geklärt wurde, suchen die Kinder die Beringstraße im Atlas. Im Anschluss informieren sie sich darüber, wie die Indianer Amerika besiedelt haben. Sie malen ein Bild, auf dem eine der drei Vermutungen dargestellt wird (M 6).
- Die Ergebnisse werden vorgestellt und die Bilder präsentiert. In der Präsentationsphase sollte die Lehrkraft auf den Unterschied zwischen einem Globus und einer Weltkarte eingehen, da für die Kinder auf der Karte möglicherweise nicht ersichtlich wird, wieso zwischen Asien und Nordamerika nur eine relativ geringe Distanz zu überbrücken ist. Hilfreich ist es, eine Weltkarte so zu rollen, dass sie einem Globus ähnelt.

Bei den Indianern

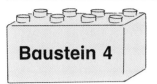

Wie Christoph Kolumbus sich irrte – Informierendes Lesen

Material:

- M 7, S. 138
- M 8 als Arbeitsblatt und Folie, S. 139
- OHP
- Globus, Atlanten
- evtl. große Weltkarte

Unterrichtsschritte:

- Die Kinder lesen den Text über Christoph Kolumbus (M 7). Im Anschluss daran beantworten sie die Fragen zum Text und zeichnen die erhaltenen Informationen in eine Weltkarte ein (M 8).
- Die Ergebnisse werden von den Kindern vorgestellt. Dabei können sie die beiden Seewege entweder auf einer großen Weltkarte zeigen und/oder diese am OHP (M 8 als Folie) in verschiedenen Farben einzeichnen. Beim Vorstellen der Ergebnisse soll allen Kindern deutlich werden, dass der von Kolumbus genommene Weg deutlich von dem damals üblichen Weg nach Indien abwich.
- Die Kinder informieren sich in Büchern oder im Internet darüber, welche genauen Zusammenhänge zwischen Kolumbus und der Namensgebung der Indianer bestehen bzw. überliefert sind.
- Die Kinder stellen ihre Ergebnisse vor. Diesbezüglich werden sie wahrscheinlich zwei Geschichten vorfinden:
  - Als Kolumbus auf seinem Weg endlich Land erblickte, glaubte er in Indien zu sein. Deshalb nannte er die Bewohner Indianer.
  - Kolumbus nannte die Menschen des neu entdeckten Landes „una gentre en dios". Dies ist spanisch und bedeutet „ein Volk in Gott". Aus „en dios" wurde „Indios" und daraus das englische Wort „Indians". Daraus wiederum wurde das deutsche Wort „Indianer".

Das Familienleben der Indianer mit dem eigenen vergleichen – Anlegen einer Tabelle

Material:

- M 9, S. 140
- Bücher, Internet

Unterrichtsschritte:

- Die Kinder lesen die Informationen über das Leben in einer Indianerfamilie (M 9). Gemeinsam werden die in dem Text gegebenen Informationen zusammengetragen und um bereits vorhandenes Wissen der Kinder ergänzt. Inhalt des Gespräches sollen auch die Unterschiede zu unserem Leben in der Familie sein.
- Anschließend legen die Kinder eine Tabelle an und stellen das Familienleben der Indianer ihrem eigenen gegenüber. Sie können die Spalte des Indianerlebens um weitere Informationen aus Büchern oder dem Internet ergänzen.
- Zum Abschluss werden die Ergebnisse in Kleingruppen vorgestellt.

Bei den Indianern

Baustein 6

Wie die Indianer wohnten – Informierendes Lesen und Üben eines Kurzvortrags

Material:

- M 10–11, S. 141–142
- DIN-A3-Papier
- evtl. Bücher zum Thema
- evtl. Karteikarten

Unterrichtsschritte:

- Die Lehrkraft teilt die einzelnen Lesetexte, die jeweils einen unterschiedlichen Schwierigkeitsgrad zur Differenzierung haben, den Kindern zu. Die Kinder lesen eine Beschreibung einer Indianerbehausung und versuchen, sich diese vorzustellen und auf ein DIN-A3-Blatt zu malen. Gegebenenfalls können sie auf die Zeichnungen der Behausungen (M 11) zurückgreifen.
- Im Anschluss daran sollen die Kinder einen Kurzvortrag zu ihrer gemalten Indianerbehausung vorbereiten. Dazu unterstreichen sie zunächst wichtige Informationen in den Texten. Die Kinder können sich weitere Informationen aus Büchern beschaffen. Möglicherweise notieren sie sich Stichpunkte oder ganze Sätze auf Karteikarten.
- Die Bilder und Kurzvorträge werden im Plenum präsentiert. Die Kinder geben sich gegenseitig eine Rückmeldung:
    - War der Vortrag verständlich?
    - Wurde der Vortrag deutlich vorgetragen?
    - Passen die Informationen zu dem gemalten Bild?

Baustein 7

Zeitreise: Wir treffen einen Indianer – Einen Dialog schreiben und vorspielen

Material:

- Bücher/Texte zum Thema Indianer
- Papier
- Requisiten

Unterrichtsschritte:

- Die Kinder erhalten den Auftrag, sich vorzustellen, dass sie einen Indianer aus früherer Zeit treffen würden. In Partnerarbeit sollen die Kinder sich einen Dialog zwischen einem Menschen aus der heutigen Zeit und einem damals lebenden Indianer überlegen. Zuvor wird eine mögliche Notation dieses Dialoges besprochen und z. B. auf mögliche Abkürzungen eingegangen:
  I (für Indianer): …
  K (für Kind): …
- Gemeinsam überlegen die Kinder, worüber sich die beiden Menschen unterhalten könnten, z. B. den eigenen Namen, das alltägliche Leben, Behausungen …
- Sie erarbeiten einen Dialog und schreiben diesen auf. Dazu können sie in Büchern nach weiteren Informationen suchen.
- Die Kinder spielen den Dialog vor. Die Rückmeldung der Kinder kann sich zum Beispiel auf folgende inhaltliche Punkte beziehen:
    - Was haben wir über den Indianer und den Menschen aus der heutigen Zeit erfahren?
    - Waren alle Informationen richtig?

Bei den Indianern

Sprachlich kann sich die Rückmeldung auf folgende Punkte beziehen:
- Passten die Fragen und Antworten zusammen?
- Gab es besonders gelungene Überleitungen?
- Was ist besonders gut gelungen?

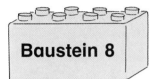

Indianische Schriftzeichen – Eine Geschichte zeichnen und erzählen

Material:

- Papier
- Pack- oder Backpapier
- M 12, S. 143

Unterrichtsschritte:

- Die Kinder versuchen auf M 12, den indianischen Schriftzeichen die passende Bedeutung zuzuordnen.
- Im Anschluss „schreiben" sie eine Indianergeschichte. Dafür können sie auch eigene Schriftzeichen erfinden. Damit die Kinder Raum zum Ausprobieren haben, sollten sie vorschreiben und -zeichnen.
- Die Reinschrift fertigen die Kinder auf einem großen Stück Pack- oder Backpapier (Bisonhaut) an.
- In einem gemeinsamen Gespräch stellen sie ihre Ergebnisse vor. Sie erzählen ihre Geschichte und zeigen parallel dazu auf die entsprechenden Zeichen. Ebenso können die anderen Kinder versuchen, die Zeichen zu lesen und selbst die Geschichte oder Teile der Geschichte zu erzählen.

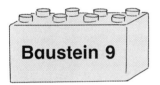

Die Friedenspfeife – Wörter mit *Pf* und *pf* üben

Material:

- M 13–15, S. 144–145
- Papier für *pf*-Rätsel
- Wörterbücher

Unterrichtsschritte:

- Die Kinder bearbeiten das Arbeitsblatt M 13 und suchen die Besonderheit der Wörter. Dies dient als erste Übung von Wörtern mit *Pf/pf*. Lösungen: Pfanne, Pflaster, Pfeife, Pferd, Pfau, Pfütze.
- Die Ergebnisse werden gesammelt.
- Zur Vertiefung bearbeiten die Kinder M 14 und M 15. Letzeres dient ebenfalls als Wiederholung von zusammengesetzten Nomen. Die gezeichneten Rätsel aus M 14 können ausgelegt und von den anderen Kindern gelöst werden.

Bei den Indianern

Lernwörter

die	**Behausung**, die Behausungen		**pflanzen**, er pflanzt
	bewohnen, er bewohnt		**pflastern**, er pflastert
	einwandern, er wandert ein		**pflücken**, er pflückt
der	**Indianer**, die Indianer	das	**Tipi**, die Tipis
	pfeifen, er pfeift	die	**Wasserstraße**, die Wasserstraßen
das	**Pferd**, die Pferde	das	**Zelt**, die Zelte

Möglichkeiten der Lernerfolgskontrolle

Zur Überprüfung des Leseverständnisses können die Kinder den Text auf M 16 lesen und die entsprechenden Fragen (M 17) beantworten. Darüber hinaus können sie in Büchern zum Alltagsleben der Indianer lesen und eine Tabelle anfertigen, die das Leben der Indianer dem eigenen Leben gegenüberstellt.
Im Bereich Rechtschreiben kann die Bildung von zusammengesetzten Nomen thematisiert werden. In Anlehnung an Baustein 9 können Wörter mit *pf* aus dem Wörterbuch gesucht werden und/oder im Partnerdiktat geschrieben und kontrolliert werden.

Kommentierte Literaturhinweise

- Bracke, Julia/Walter, Anja: Lernwerkstatt Indianer. Kempen: Buch Verlag Kempen 2002.

  In 25 Arbeitsangeboten erhalten die Kinder einen umfangreichen Einblick in das Leben der Indianer Nordamerikas. Darüber hinaus bietet die Lernwerkstatt Vorschläge zum fächerübergreifenden Arbeiten, beispielsweise eine kleine Kartei für den Sportunterricht.

- Clare, John D.: Die Indianer. Wissen der Welt. München: Ars Edition 2001.

- Crummenerl, Rainer/Klaucke, Peter: Die Indianer – Ihre Geschichte, ihr Leben, ihre Zukunft. Würzburg: Arena 2002.

- Haslam, Andrew/Parsons, Alexandra: Indianer und ihre Welt – Entdeckt und nachgebaut. Nürnberg: Tessloff 1996.

- Recheis, Käthe/Krömer, Astrid: Kleiner Bruder Watomi. Freiburg/Wien/Basel: KeRLE bei Herder 2001.

  Der kleine Indianerjunge Watomi leidet darunter, dass sein großer Bruder Matoya schon viele Dinge kann, die er selbst noch lernen muss. Er möchte auch schon so groß und stark sein wie Matoya. Der weise Großvater versucht, Watomi zu trösten: „Manchmal ist es besser, wenn man klein ist." Watomi findet, dass dies nur jemand sagen kann, der selbst groß ist. Aber eines Tages macht Watomi die Erfahrung, dass der Großvater Recht hat.
  Die Geschichte Watomis ist liebevoll erzählt und ansprechend illustriert. Sie gibt Einblicke in das Indianerleben und thematisiert gleichzeitig das Groß-sein-Wollen, was sicherlich jedes Kind nachvollziehen kann. Das Buch ist übersichtlich gestaltet.

- Seiler, Signe: Indianer. WAS IST WAS. Nürnberg: Tessloff 1995.

- Wölfel, Ursula: Fliegender Stern. München: Bertelsmann 2001.

- Wölfel, Ursula: Indianer-Kartei. Unterrichtsmaterialien zu Ursula Wölfels „Fliegender Stern". Horneburg: Edition MoPäd bei Persen 2004.

  Die Unterrichtsmaterialien bieten 14 lektürebegleitende Karten, die das Verstehen des Gelesenen in der Lektüre erleichtern und vertiefen. Darüber hinaus werden 24 Sach- und Machkarten zum handlungsorientierten und fächerübergreifenden Arbeiten zum Thema Indianer angeboten.

Internetseiten:

www.indianer.de

www.indianer-web.de

Name: Datum: **M 1**

Name: Datum: M 2

Das weiß ich schon:

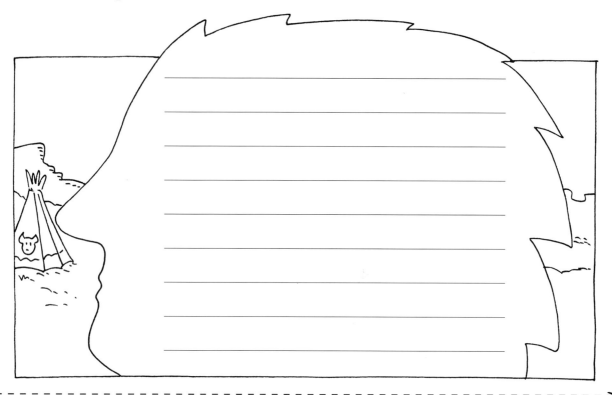

Das möchte ich gerne wissen:

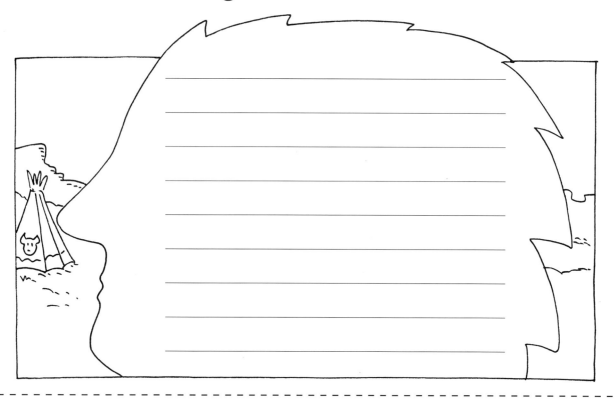

Dicker Bär und Dünner Adler

1. Dicker Bär und Dünner Adler
reiten über die Prärie
und an allen Lagerfeuern
hört man diese Melodie, jippi.

Ref.: Jippi jippi jey, jippi jippi jippi jo!
Wir machen's alle, alle, alle so. (2 3)

2. Dicker Bär schleicht durch die Wälder
und sagt leis': „Das ist nicht schwer!"
Und der Häuptling Dünner Adler
schleicht natürlich hinterher. Jippi …

3. Dicker Bär springt übern Graben
und ruft laut: „Das ist nicht schwer!"
Und der Häuptling Dünner Adler
springt natürlich hinterher. Jippi …

4. Dicker Bär steigt auf die Bäume
und ruft laut: „Das ist nicht schwer!"
Und der Häuptling Dünner Adler
steigt natürlich hinterher. Jippi …

5. Dicker Bär kriecht auf der Erde
und sagt leis': „Das ist nicht schwer!"
Und der Häuptling Dünner Adler
kriecht natürlich hinterher. Jippi …

6. Dicker Bär schwimmt durch das Wasser
und ruft laut: „Das ist nicht schwer!"
Und der Häuptling Dünner Adler
schwimmt natürlich hinterher. Jippi …

7. Dicker Bär tanzt um das Feuer
und ruft laut: „Das ist nicht schwer!"
Und der Häuptling Dünner Adler
tanzt natürlich hinterher. Jippi …

8. Dicker Bär sucht sich 'ne Squaw heut'
und ruft laut: „Das ist nicht schwer!"
Und der Häuptling Dünner Adler
macht's natürlich grad wie er. Jippi …

9. Dicker Bär kriegt viele Kinder
und ruft laut: „Das ist nicht schwer!"
Und der Häuptling Dünner Adler
kriegt vielleicht noch viel viel mehr. Jippi …

Name: Datum: **M 5**

So kam „Großer Mond" zu seinem Namen

Es war eine milde Nacht. Ein kleines Indianerbaby war gerade auf die Welt gekommen. Der Himmel war klar und tausende von Sternen leuchteten am Himmelszelt. Der Mond funkelte und war so hell, dass er viel größer als sonst auszusehen schien. So kam das Neugeborene zu seinem Namen „Großer Mond".

So wie „Großer Mond" erhielten bei den Indianern viele Kinder ihren Namen durch eine Naturerscheinung am Tage ihrer Geburt. Daher kamen in Namen zum Beispiel auch der Donner oder der Blitz vor. Der Name konnte aber auch durch eine besondere Tat von Verwandten geprägt sein. Auch hatten viele Indianer einen Tiernamen, wie Roter Bär oder Alter Adler.
Frauen behielten ihren Namen ein Leben lang. Bei Männern wechselte der Name häufiger. Dies geschah zum Beispiel dann, wenn der Mann eine besondere Tat vollbracht hatte. Zudem gab es Häuptlinge, die sogar einen Namen für den Winter und einen für den Sommer hatten.

1 *Denke dir einen Namen für ein anderes Kind aus.*

_____

2 *Schreibe, warum der Name passend ist.*
Vielleicht fällt dir eine kleine Geschichte dazu ein.

_____
_____
_____
_____
_____
_____
_____
_____

Name: Datum: **M 6**

Wie die Indianer nach Amerika kamen

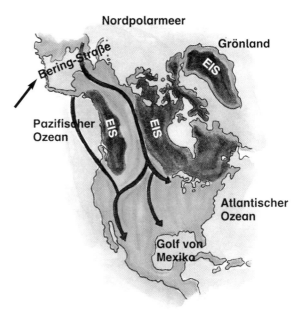

Die Indianer sind wahrscheinlich vor ungefähr 32 000 Jahren von dem Kontinent Asien über die Beringstraße auf den Kontinent Nordamerika gekommen. Die Beringstraße ist eine Wasserstraße. Wie die Indianer diese Wasserstraße überquert haben, ist bis heute nicht bewiesen. Es gibt aber verschiedene Vermutungen: Einige Forscher glauben, dass die beiden Kontinente damals noch miteinander verbunden waren. So hätten die Indianer von einem Kontinent auf den anderen wandern können. Andere Forscher glauben, dass es damals einen besonders kalten Winter gab, in dem das Wasser zwischen den beiden Kontinenten zugefroren war. Die Indianer waren auf der Suche nach Essbarem wie Robben und sind so zufällig auf den Kontinent Nordamerika gekommen. Wieder andere Forscher glauben, dass die Indianer eingewandert sind, als sie mit ihren Booten auf der Suche nach Essen waren.

Wie gesagt, bis heute ist nicht bewiesen, wie die Indianer nach Amerika gekommen sind. Jedoch weiß man, dass viele Indianer von Nordamerika aus nach Südamerika gesiedelt sind und sich auch dort niedergelassen haben.

1 *Suche die Beringstraße im Atlas.*

2 *Unterstreiche die verschiedenen Vermutungen für die Einreise der Indianer in verschiedenen Farben.*

3 *Welche Vermutung ist aus deiner Sicht am wahrscheinlichsten? Male ein Bild.*

Wie Christoph Kolumbus sich irrte

Vor mehr als 500 Jahren, im Jahr 1492, wollte ein italienischer Seefahrer nach Indien segeln. Sein Name war Christoph Kolumbus.

Er sollte für die spanische Königin nach Indien fahren und dort wertvolle Dinge wie Parfüm und Gewürze kaufen. Und so segelte Kolumbus mit den drei Schiffen „Pinta", „Santa Maria" und „Nina" in Spanien los. Jedoch wollte er einen neuen Weg in Richtung Westen durch den Atlantischen Ozean finden.

Nach ungefähr 3 Monaten erreichte er Festland und so dachte Kolumbus, dass er Indien erreicht hätte. In Wirklichkeit war er aber auf einer Insel mit dem Namen San Salvador gelandet. Diese Insel gehört zu der Inselgruppe der Bahamas, in der Nähe der nordamerikanischen Küste. Dort traf er auf ein sehr freundliches Volk, das neugierig die Schiffe empfing. Über dieses Volk schrieb er in sein Tagebuch: „Sie sind ein liebenswertes Volk, ganz ohne Gier, mit der lustigsten Sprache der Welt."
Kolumbus nannte dieses Volk „Indianer".

Name: Datum: **M 8**

Wie Christoph Kolumbus sich irrte

Fragen zum Text:

1. Wo segelte Kolumbus mit seiner Mannschaft los?

2. Wohin wollte Kolumbus segeln?

3. Welchen Weg wollte Kolumbus nehmen?

4. Wo kam Kolumbus an? Zeichne diese Insel ein.

5. Zeichne den Weg ein, den Kolumbus genommen hat.

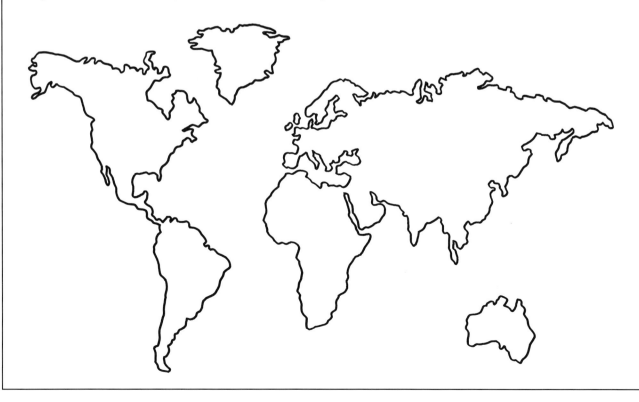

Das Leben in einer Indianerfamilie

Das Leben der Indianer war sehr unterschiedlich, je nachdem in welchem Stamm sie lebten. Sicherlich hast du schon einmal von verschiedenen Stämmen wie den Sioux, den Comanchen oder den Irokesen gehört. Jeder Stamm hatte seine eigenen Lebensweisen und Gewohnheiten.

Trotzdem gab es aber zwischen den einzelnen Stämmen auch Gemeinsamkeiten: Viele Indianerstämme wohnten in Großfamilien, in denen Großeltern, Kinder und Enkelkinder zusammen lebten. Diese Großfamilien wurden „Clan" genannt. Die Großmutter des Clans hatte innerhalb der Familie eine sehr wichtige Stellung. So wurde bei allen wesentlichen Entscheidungen ihr Rat befolgt. Wollte ein Mann eine Frau heiraten, so musste er sich mit der Großmutter einigen. Teilweise vereinbarten Großmütter aus benachbarten Stämmen Eheschließungen, um beispielsweise Kriege zu vermeiden. Hatten Mann und Frau geheiratet, so zog der Mann meist zu der Familie der Frau.

Innerhalb der Familie hatten Mann und Frau verschiedene Aufgaben. Die Frau kümmerte sich um den Haushalt. Neben dem Kochen und dem Bauen der Behausungen gerbte sie Felle der Tiere und nähte Kleidung und Schuhe aus Tierhäuten. Zudem kümmerte sie sich um die Erziehung der Kinder.

Die Männer waren für das Jagen und für die Herstellung der Waffen verantwortlich.

Wie die Indianer wohnten

Das **Tipi** war ein kegelförmiges Zelt. Es bestand aus zusammengebundenen Baumstämmen, die ein Gerüst darstellten. Das Gerüst wurde mit Bisonhäuten überzogen. Bei einem geräumigen Familientipi wurden ca. 16 Bisonhäute benötigt. Die Bisonhäute wurden mit Pflöcken am Boden befestigt.
An der Zeltspitze gab es zwei Klappen, durch die der Rauch des Feuers abziehen konnte.

Das **Wigwam** sah wie eine aufgeschnittene Hälfte einer Kugel aus. Vorbild für diese Behausung war wahrscheinlich das Iglu der Eskimos. Das Wigwam hatte ein Gerüst aus jungen Buchen- oder Birkenstämmen, die gebogen und dann in den Boden gerammt wurden.
Auf das Gerüst kamen Platten aus Baumrinde oder Schilf. Oben wurde ein Loch gelassen, damit der Rauch des Feuers entweichen konnte.

Das **Wickiup** war eine etwa kegelförmige Hütte. Es bestand aus vielen Holzstangen, die an der Spitze zusammengebunden wurden. Die Wände waren aus Ästen, Zweigen, Binsen und Gras.

Das **Plankenhaus** war ein einfaches Holzhaus, gebaut auf einem rechteckigen Holzrahmen. Es war 15 Meter lang und 10 Meter breit. Es hatte keine Fenster. Oft war direkt am Haus ein Totempfahl befestigt. In diesen Häusern sollen bis zu 300 Menschen gelebt haben.

In einem **Langhaus** lebten mehrere Familien. Diese Behausung war ca. 5 Meter breit, 5 Meter hoch und im Durchschnitt 25 Meter lang. Es bestand aus aufrecht stehenden Pfosten. Für das Dach wurden biegsame Stangen verwendet, so dass ein halbrundes Dach entstand. In der Mitte des Langhauses war ein Gang mit mehreren Feuerstellen. Die Bereiche der Familien wurden mit Matten abgetrennt.

Mehrere **Pueblos** standen zusammen, so dass sie ein Pueblodorf bildeten. Jedes einzelne Haus konnte durch eine Leiter erreicht werden. Die Häuser hatten die Form eines Würfels oder eines Quaders. Die platten Dächer wurden aus Baumstämmen, Gras und Lehm hergestellt. Der Eingang befand sich in der Decke und war gleichzeitig für den Rauchabzug und die Lichtzufuhr nützlich.

Name: Datum: M 11

Tipi

Wigwam

Wickiup

Plankenhaus

Langhaus

Pueblo
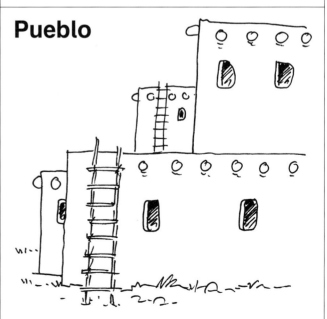

Name: Datum: **M 12**

Indianische Schriftzeichen

Die Indianer schrieben im Sommer alle wichtigen Ereignisse auf Bisonhaut. Im Winter saßen sie dann häufig gemeinsam am Lagerfeuer und erinnerten sich mit Hilfe des Geschriebenen an vergangene Erlebnisse.

1 *In der Tabelle unten siehst du einige Schriftzeichen der Indianer. Schreibe ihre Bedeutung mit Hilfe der folgenden Wörter hinzu:*

Lagerfeuer	Büffel	Mond
Zelt	Küche	Kanu
Sonne	Fluss	Baum
Wald	Mann	Zeltlager
Freundschaft	reden	Tanz um das Feuer
Frau	Straße	Krieg

Indianerzeichen	Bedeutung	Indianerzeichen	Bedeutung
☾		⊕	
🌊		🐃	
⌣		🔥	
～		← →	
🔥		🤝	
≡		🍲	
🌲🌲🌲		⛺	
△△△		👤	
🌿		👧	

2 *Überlege dir eine Geschichte, die ein Indianer erlebt haben könnte. Schreibe sie in Indianerzeichen auf. Du kannst dir auch eigene Zeichen überlegen.*

Name: Datum: **M 13**

Die Friedenspfeife

Um den Frieden zu besiegeln, rauchten Indianer mit ihren Freunden eine Friedenspfeife. Diese Pfeife ist jedoch eine besondere. Kannst du erkennen, warum?

1 *Suche die Rauchwörter im Wörterbuch und schreibe sie mit dem bestimmten Artikel auf.*

_____   _____

_____   _____

_____   _____

2 *Was haben alle Wörter aus der Pfeife gemeinsam?*

_____

3 *Suche weitere Wörter mit dieser Besonderheit im Wörterbuch und schreibe sie auf.*

_____

_____

_____

Name: Datum: M 14

Wörter mit *Pf* und *pf*

1 Dies sind Wörter mit **pf**. Kannst du sie erraten?

2 Zeichne eigene Rätsel.

Name: Datum: M 15

Zusammengesetzte Nomen

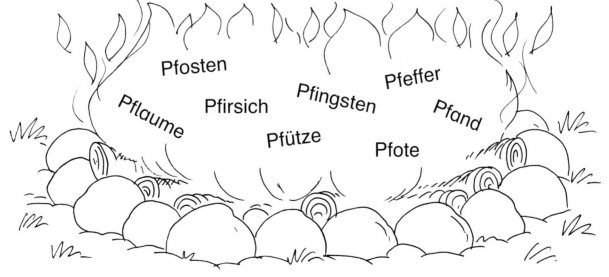

Bilde mit den Wörtern zusammengesetzte Nomen.
Schreibe sie mit dem bestimmten Artikel in dein Heft.

Beispiel: der Pfirsichkuchen, die Wasserpfütze

M 16

Die Vernichtung der Indianer durch die Weißen

Nachdem Christoph Kolumbus Amerika entdeckt hatte, kamen viele Europäer als Jäger, Forscher und Reisende dorthin. Die Indianer empfingen diese freundlich, so dass sich sogar Freundschaften unter ihnen entwickelten.

Doch einige Europäer führten Kriege gegen die Indianer. Sie nahmen ihnen ihr Land ab, um Städte bauen zu können, und töteten die Büffel, von denen die Indianer lebten. Da die Europäer bereits über Feuerwaffen verfügten, hatten die Indianer keine Möglichkeit, sich gegen die Weißen zu wehren. Den Indianern wurden kleine Gebiete, so genannte Reservate, zugewiesen, in denen sie leben sollten. Viele Indianer überlebten aufgrund der langen Fußwege bereits den Umzug in die Reservate nicht.

Die Reservate lagen oft in unfruchtbaren Gegenden, so dass die Indianer dort häufig verhungerten. Als in manchen Reservaten Gold und andere Bodenschätze entdeckt wurden, wurden die Indianer auch von dort wieder vertrieben.

Darüber hinaus brachten die Weißen Krankheiten mit in das Land, und so starben viele Indianer an den ansteckenden Krankheiten.

Von Indianern bewohntes Land (dunkelgrau): links um 1850, rechts 1990

Die Vernichtung der Indianer durch die Weißen

Fragen zum Text:

1. Wer kam nach Amerika, nachdem das Land von Kolumbus entdeckt worden war?

2. Warum nahmen die Europäer den Indianern ihr Land ab?

3. Warum konnten sich die Indianer nicht gegen die Weißen wehren?

4. Wie heißen die kleinen Gebiete, in denen die Indianer leben mussten?

5. Warum wurden die Indianer sogar aus diesen kleinen Gebieten wieder vertrieben?

7. Materialien zu Festen und Jahreszeiten

Frühling

- Das Gewitter
  (Gedicht von Josef Guggenmos) 149

- Der erste April
  (Geschichte von Erica Lillegg) 150

- Frühlingsbild
  (Malbild) 151

Sommer

- Eisgekühlte Limonade
  (Rezept) 152

- Urlaubsfahrt
  (Gedicht von Hans Adolf Halbey) 153

- Was der Sommer wiegt
  (Geschichte von Martin Auer) 154

Das Gewitter

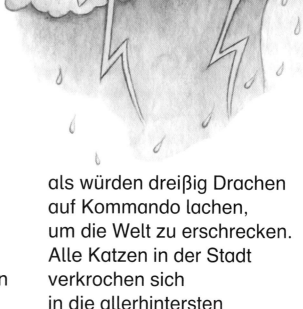

Hinter dem Schlossberg kroch
es herauf:
Wolken – Wolken!
Wie graue Mäuse,
ein ganzes Gewusel.

Zuhauf
jagten die Wolken gegen die
Stadt.
Und wurden groß
und glichen Riesen
und Elefanten
und dicken, finsteren
Ungeheuern,
wie sie noch niemand gesehen
hat.

„Gleich geht es los!",
sagten im Kaufhaus Dronten
drei Tanten
und rannten heim, so schnell
sie konnten.

Da fuhr ein Blitz
mit helllichtem Schein,
zickzack,
blitzschnell
in einen Alleebaum hinein.
Und ein Donner schmetterte
hinterdrein,

als würden dreißig Drachen
auf Kommando lachen,
um die Welt zu erschrecken.
Alle Katzen in der Stadt
verkrochen sich
in die allerhintersten
Stubenecken.

Doch jetzt ging ein Platzregen
nieder!
Die Stadt war überall
nur noch ein einziger
Wasserfall.
Wildbäche waren die Gassen.

Plötzlich war alles vorüber.
Die Sonne kam wieder
und blickte vergnügt
auf die Dächer, die nassen.

Josef Guggenmos

Der erste April

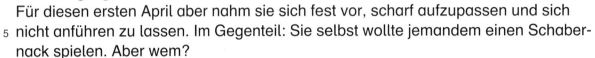

Es gibt Leute, die sehr leicht in den April
zu schicken sind.
Rantschigei gehört zu ihnen.
Für diesen ersten April aber nahm sie sich fest vor, scharf aufzupassen und sich
nicht anführen zu lassen. Im Gegenteil: Sie selbst wollte jemandem einen Schabernack spielen. Aber wem?
Peps fiel ihr ein. Bei Peps, dachte sie, wird es mir nicht schwer fallen. Schließlich ist er ja noch ein kleiner Junge. Er wird nicht auf der Hut sein und mir auf den Leim gehen.

Sie machte sich auf den Weg und überlegte, wie sie es anstellen sollte. Es war ein schöner, warmer Tag. Alle Fenster standen offen, um die Frühlingssonne einzulassen. Auch bei Peps.
Dies brachte sie auf einen Gedanken. Vergnügt lief sie die Treppe hinauf.
Peps begrüßte sie erfreut und wollte sie in sein Zimmer führen.

„Nein, gehen wir zuerst lieber ins Wohnzimmer!", sagte sie.
Das war Peps auch recht; er bot ihr höflich wie ein Erwachsener einen Sessel an und fragte: „Was gibt es Neues?"
Denn Rantschigei erzählte ihm stets, was sie erlebt hatte seit ihrem letzten Besuch.
Sie erzählte dies und das, dann fragte sie ihn und dachte dabei immer an den ersten April: „Was hast du denn heute schon getrieben?"
„Nichts Besonderes. Eigentlich gar nichts. Es war langweilig!"

Aha, dachte sie, er merkt noch nicht, dass heute der erste April ist. Das trifft sich gut! Sie machte ein erstauntes Gesicht und rief: „Langweilig? Das wundert mich! Du hast doch Besuch!"
„Aber du bist ja gerade erst gekommen!", antwortete er.
„Ich meine nicht mich!", fuhr sie fort. „In deinem Zimmer ist Besuch. Eine Katze!"
„Eine Katze? Wie sollte eine Katze in mein Zimmer kommen?"
„Wahrscheinlich ist sie auf den Baum vor dem Haus geklettert und von dort auf dein Fenstersims gesprungen. Ich sah sie oben sitzen. Gleich danach verschwand sie in dein Zimmer. Geh sie rasch begrüßen!"

Peps sah Ratschigei nachdenklich an. Sehr nachdenklich.
Sie bemühte sich, seinem Blick standzuhalten, ohne zu lachen. Endlich machte Peps schweigend kehrt, ging zu seinem Zimmer und öffnete die Tür. Erfreut rief er: „Wirklich, da sitzt sie auf dem Teppich! Grüß dich, Mieze!"
Wie? Nicht möglich! Ist nun tatsächlich eine Katze da?, dachte Rantschigei erstaunt, sprang auf und lugte über Peps hinweg in den Raum. „Wo?", fragte sie.
Da legte Peps den Kopf schief, lachte freundlich zu ihr hinauf und sagte: „Erster April!"
Sie war ihm auf den Leim gegangen. Ja, noch ärger – sie hatte sich von Peps in ihren eigenen ersten April schicken lassen.

Erica Lillegg

Frühlingsbild

Male das Bild weiter. Nimm „Frühlingsfarben" zum Ausmalen.

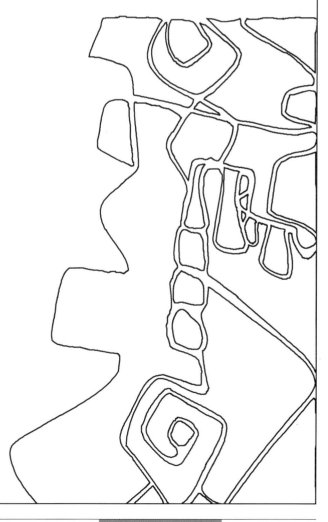

Eisgekühlte Limonade

Du brauchst:

1 Flasche Ananassaft
2 Zitronen
2 Äpfel
Zucker
Eiswürfel

ein hohes Gefäß
einen Mixer
Trinkgläser
Strohhalme

Und so geht's:

Fülle den Ananassaft aus der Flasche in ein hohes Gefäß. Schäle die Äpfel, schneide sie in kleine Stücke und gib diese auch in das Gefäß.
Presse den Saft einer Zitrone dazu. Püriere alles mit dem Mixer gut durch.

Fülle etwas Wasser in eine Untertasse und tauche den oberen Rand der Trinkgläser kurz hinein.
Gib etwas Zucker in eine zweite Untertasse und tauche dort den feuchten Rand der Gläser hinein, so dass der Zucker daran kleben bleibt.

Gieße den Ananas-Apfelsaft vorsichtig in die Gläser, so dass der Zuckerrand nicht zerstört wird. Schneide die Zitrone in dünne Scheiben. Jede Scheibe schneidest du am Rand bis zur Mitte ein.
Die Zitronenscheibe kannst du jetzt an den Rand des Glases hängen. Noch ein Strohhalm und natürlich die Eiswürfel dazu – fertig!

Urlaubsfahrt

koffer koffer kindertragen
flaschen taschen puppenwagen
papa mama koffer kinder
autokarte notlichtblinker

frühgeweckt gefrühstückt raus
winke winke schlüssel haus
autobahnen autoschlange
kinderplappern mama bange

schlange kriechen sonne heiß
stinken staub benzin und schweiß
stockung hunger mama brote
papa skatspiel radio: tote

schlafen schimpfen hupen schwitzen
weiterfahren weitersitzen
müde mitternacht hotel pension
dreißigtausend warten schon

Hans Adolf Halbey

Was der Sommer wiegt

Im August kommen die Gewitter. Dann sitzt der Joscha unter seiner Laube, wenn die schweren Tropfen niederprasseln, und er denkt: „Im August ist alles schwer. Die schwüle Hitze ist schwer, die Regenwolken sind schwer, die Tropfen sind schwer, sogar der Donner klingt, wie wenn schwere Steine in leere Fässer fallen. Die Bäume sind schon schwer von Früchten, und die Luft ist schwer von Düften. Und auch mein Herz ist schwer, weil der Sommer bald gehen wird. Der ganze August ist schwer. Ich werde ihn Elefantenmonat nennen, weil er so schwer ist."

Aber dann ist das Gewitter vorbei, im Westen zeigt sich die Abendsonne und im Osten ein herrlicher Regenbogen, der das Tal überspannt. Der Joscha geht aus seiner Laube auf die feuchte Wiese hinaus. Schnecken kriechen jetzt über die Wege, eine Kröte sitzt am Teich und reckt den Kopf zum Himmel empor, als ob sie dem Regen ein Danklied singen wollte. Aber sie lauert nur auf Mücken. Ein Laubfrosch klettert auf der Sonnenblume herum, und durchs Gras tappt ein Feuersalamander. Alle, die sich sonst vor der Hitze verstecken, sind herausgekommen ins Feuchte und Kühle. Vorsichtig geht der Joscha, um keine Schnecken zu zertreten. Er hockt sich neben den Feuersalamander und lässt ihn auf seine Hand kriechen.

„Siehst du, alles ist leicht", sagt der Joscha zum Salamander. „Der Regenbogen, der überm Tal schwebt, ist leicht, und die Mücken, die überm Teich schwirren, sind leicht. Die Schwalben jagen leicht durch die Luft, und die Luft selber ist leicht und weich nach dem Regen. Die Schmetterlinge auf den Blumen sind leicht, und die Tropfen an den Blättern sind leicht. Und du, du bist auch ganz leicht auf meiner Hand, und deine kleinen Hände tappen so leicht auf meiner Haut. Und mein Herz ist auch leicht, weil alles Schwere vorübergeht, so wie das Gewitter, und der Sommer doch immer wieder kommt. Der ganze August ist leicht. Ich werde ihn Libellenmonat nennen."

Und dann setzt er den Salamander wieder ins Gras. Schwerfällig tappt der Salamander davon, er windet und schlängelt sich bei jedem Schritt. Aber dann fängt er sich ganz leicht eine Mücke.

Martin Auer

4 Lernwörter

der	Affe, die Affen	der	Indianer, die Indianer	die	Schule, die Schulen
	alt	die	Inlineskates	die	Schuppe, die Schuppen
	arm			die	Schutzausrüstung, die Schutzausrüstungen
		das	Jahr, die Jahre		
der	Bach, die Bäche				schützen, er schützt
der	Bär, die Bären	der	Käfig, die Käfige	der	Schwanz, die Schwänze
die	Behausung, die Behausungen	das	Katzenauge, die Katzenaugen		schwer
	bewohnen, er bewohnt		klettern, er klettert	die	Schwester, die Schwestern
	böse	der	König, die Könige		schwimmen, er schwimmt
	bremsen, er bremst	die	Königin, die Königinnen		
der	Bruder, die Brüder	die	Kralle, die Krallen	der	See, die Seen
					sinken, er sinkt
der	Cousin, die Cousins		lang		spielen, er spielt
die	Cousine, die Cousinen		laufen, er läuft	der	Stammbaum, die Stammbäume
		der	Lehrer, die Lehrer		
der	Dampf, die Dämpfe	die	Lehrerin, die Lehrerinnen	die	Stiefmutter, die Stiefmütter
der	Dienstagnachmittag, die Dienstagnachmittage	der	Löwe, die Löwen	der	Stiefvater, die Stiefväter
		das	Märchen, die Märchen	die	Straße, die Straßen
	einwandern, er wandert ein	das	Maul, die Mäuler		
das	Eis	das	Meer, die Meere	die	Tante, die Tanten
der	Elefant, die Elefanten	die	Mutter, die Mütter	der	Teich, die Teiche
	erzählen, er erzählt			das	Tier, die Tiere
			nass	der	Tiger, die Tiger
die	Familie, die Familien			das	Tipi, die Tipis
die	Feder, die Federn	der	Onkel, die Onkels		trocken
das	Fell, die Felle				
	fliegen, er fliegt		pfeifen, er pfeift	der	Unfall, die Unfälle
	fließen, er fließt	das	Pferd, die Pferde		unterrichten, er unterrichtet
die	Flosse, die Flossen		pflanzen, er pflanzt		
der	Fluss, die Flüsse		pflastern, er pflastert	der	Vater, die Väter
	flüssig		pflücken, er pflückt		verdunsten, er verdunstet
		die	Pfote, die Pfoten		
	galoppieren, er galoppiert		plätschern, er plätschert		verwandt sein, er ist verwandt
	gefrieren, er gefriert	der	Prinz, die Prinzen		
das	Gehege, die Gehege	die	Prinzessin, die Prinzessinnen	der	Verwandte, die Verwandten
die	Geschwister				
das	Gewässer, die Gewässer		reich	die	Vorsicht
die	Giraffe, die Giraffen		rennen, er rennt		vorsichtig
das	Gold		rücksichtsvoll		
	groß			der	Wal, die Wale
die	Großmutter, die Großmütter			das	Wasser
der	Großvater, die Großväter	der	Schaden, die Schäden	die	Wasserstraße, die Wasserstraßen
	gut	die	Schlange, die Schlangen		
		das	Schloss, die Schlösser		
	hässlich	der	Schnabel, die Schnäbel		zaubern, er zaubert
die	Hexe, die Hexen	die	Schnauze, die Schnauzen	das	Zelt, die Zelte
	hoppeln, er hoppelt		schnell	der	Zoo, die Zoos
			schön		

6 Übersicht über die Ziele der Unterrichtsreihen

	Mündliches Sprachhandeln	Schriftliches Sprachhandeln
1. Unterrichtsreihe: Auf Entdeckungsreise im Märchenland	• eine Rolle im szenischen Spiel gestalten, erproben und verändern • gespielte Szenen beobachten, sie besprechen und weiterentwickeln • mit verschiedenen Spielformen Erfahrungen sammeln und sie für szenische Gestaltungen nutzen • geeignete sprachliche Mittel in Wortwahl, Satzbau und Redestruktur auswählen und reflektieren	• sich durch Märchen zum Schreiben anregen lassen • gestalterische Mittel entwickeln, mit ihnen experimentieren und sie zum Schreiben nutzen • zu kinderliterarischen Figuren und Geschehnissen schreiben • die Textstruktur des Märchens für eigene Texte nutzen
2. Unterrichtsreihe: Unterwegs im Straßenverkehr	• zu einem Bild erzählen • mit anderen sprechen	• Sachverhalte in verständlicher Form aufschreiben • Schreibideen entwickeln, Weiterschreiben einer Geschichte • Texte planen, schreiben, überarbeiten und veröffentlichen • einen Versuch protokollieren • Unfallberichte schreiben
3. Unterrichtsreihe: Früher und heute	• Geschichten und Informationen erfragen • Geschichten mit Hilfe von Stichworten erzählen	• Erzähltes in Stichworten festhalten • reale und erdachte Ereignisse erzählen und dabei den Aufbau einer *Erzählung* beachten • Texte zu Fotografien schreiben • eine Meinung schriftlich begründen • in der alten Schrift Sütterlin schreiben • Spielanleitungen verfassen
4. Unterrichtsreihe: Tiere im Zoo	• Gedichte vortragen	• eine Wegbeschreibung verfassen • mit Schrift gestalten • Gedichte nach vorgegebenen Strukturen verfassen
5. Unterrichtsreihe: Wasser ist Leben	• Planungsgespräche zur Arbeit an Projektthemen durchführen • das eigene Kommunikationsverhalten bei der Projektarbeit reflektieren	• Vorgangsbeschreibungen verfassen • Sachtexte zu selbst gewählten Aspekten des Themas Wasser schreiben und präsentieren
6. Unterrichtsreihe: Bei den Indianern	• eine erfundene Geschichte erzählen und die Reaktionen der Zuhörerinnen und Zuhörer einbeziehen • einen Kurzvortrag halten	• einen Dialog schreiben • eigene Fragen formulieren • eine Geschichte zur Namensgebung schreiben • eine Geschichte in Symbolschrift anfertigen

Rechtschreiben	Umgang mit Texten und Medien	Sprache reflektieren
• erste Einsicht in die wörtliche Rede gewinnen	• Märchentexte interessenbezogen auswählen • vorgelesene und selbst gelesene Märchen genießen • handelnd mit Märchen umgehen	• Sprechrollen und ihre Wirkung erproben • Textabsichten, Textsorten und Textwirkung reflektieren • sich über Leseerfahrungen verständigen
• Wiederholung der Auslautverhärtung bei Nomen und Adjektiven	• sich im Medium Zeitung orientieren und Unfallberichte auswählen	• die Textsorten *Geschichte* und *Unfallbericht* unterscheiden • über Schreibweisen nachdenken
• das Wörterbuch nutzen • die Silbentrennung wiederholen	• Texten Informationen entnehmen und diese umsetzen • selektiv lesen	• erste Einsichten in die Zeitformen Gegenwart und Vergangenheit gewinnen
• das Wörterbuch nutzen	• Leerstellen eines Gedichtes rekonstruieren • Analogiegedichte verfassen	• die Unterscheidung der Wortarten Nomen, Adjektiv und Verb festigen • Wortfelder zu Verben der Fortbewegung von Tieren entwickeln • die Einsicht in die Bildung zusammengesetzter Nomen vertiefen • die Steigerung von Adjektiven üben • Reimwörter finden und dabei Klang und Schreibung vergleichen
• Wortbausteine identifizieren und für normgerechte Schreibungen nutzen	• informierendes Lesen von Sachtexten üben • Unterstreichungen und Stichworte am Rand als Hilfen zum informierenden Lesen nutzen • Textbelege zitieren • Schlüsselbegriffe finden und für die Textarbeit nutzen • Suchmaschinen zur Internetrecherche verwenden • Inhaltsverzeichnisse und Register benutzen	• ein Mindmap als Hilfe zur Strukturierung eines Themas erproben • einen differenzierten Wortschatz zur Beschreibung von Wasser mit Hilfe von Wortfeldern und Wortfamilien entwickeln
• Wörter mit *Pf* und *pf* üben • die Zusammensetzung von Nomen wiederholen	• informierendes Lesen üben • Gelesenes in Bilder umsetzen • Texte in ihrer äußeren Gestaltung optimieren	• das Zeichensystem des Alphabets mit einer Symbolschrift vergleichen

7 Quellenangaben

Auer, Martin: Was der Sommer wiegt.
Aus: Gelberg, Hans-Joachim (Hrsg.): Was für ein Glück. 1993 Beltz & Gelberg in der Verlagsgruppe Beltz, Weinheim & Basel.

Fink, Christine: Das Märchenlied.
Aus: dies.: Es war einmal … © Verlag an der Ruhr, Mülheim 2000, S. 8.

Guggenmos, Josef: Das Gewitter.
Aus: ders.: Ich will dir was verraten. 1992 Beltz & Gelberg in der Verlagsgruppe Beltz, Weinheim & Basel.

Guggenmos, Josef: Die Eule, Der Dachs, Die Giraffe, Der Elefant.
Aus: ders.: Was denkt die Maus am Donnerstag? 1998 Beltz & Gelberg in der Verlagsgruppe Beltz, Weinheim & Basel.

Halbey, Hans Adolf: Urlaubsfahrt.
Aus: ders.: Es wollt ein Tänzer auf dem Seil den Seiltanz tanzen eine Weil.
Aarau/Schweiz: Kinderbuchverlag Luzern (Sauerländer AG) 1977.

Hoffmann, Klaus W. /Hoffmann, Mika: Der musikalische Wasserhahn.
© Aktive Musik Verlagsgesellschaft mbH., Postfach 10 01 02, 44001 Dortmund.

Huber, Ingrid: Daniel & Daniel.
Aus: Gelberg, Hans-Joachim (Hrsg.): Oder die Entdeckung der Welt. 1997 Beltz & Gelberg in der Verlagsgruppe Beltz, Weinheim & Basel.

Jatzek, Gerald: Das Geheimnis. (Die Rechte liegen beim Autor.)

Kordon, Klaus: Das Foto.
Aus: ders.: Leselöwen-Opageschichten © 1995 Loewe Verlag GmbH, Bindlach.

Korschunow, Irina: Wovon träumen Giraffen? © 2005 Irina Korschunow.

Krüss, James: Affenschule.
Aus: ders.: James' Tierleben © Carlsen Verlag GmbH, Hamburg 2003.

Lillegg, Erika: Der 1. April.
Aus: dies.: Peps. Stuttgart/Wien: K. Thienemanns Verlag 1963.

Nöstlinger, Christine: Alle sind zufrieden mir mir.
Aus: dies.: Das große Nöstlinger-Lesebuch. 1998 Beltz & Gelberg in der Verlagsgruppe Beltz, Weinheim & Basel.

Morgenstern, Christian: Neue Bildungen, der Natur vorgeschlagen.
Aus: ders./Bauer, Jutta: Schnigula, schnagula. Frankfurt am Main: Fischer Taschenbuch 1996.

Alle übrigen Abbildungen: Verlagsarchiv.

Für Ihre Notizen:

Bergedorfer® Grundschulpraxis – alle Bände im Überblick

Grundschulunterricht in allen Fächern – leicht gemacht!

Bergedorfer® Grundschulpraxis – Deutsch

1. Klasse
Band 1
206 Seiten, DIN A4,
kartoniert
Best.-Nr. **3932**
Band 2
188 Seiten, DIN A4,
kartoniert
Best.-Nr. **3933**
Band 3
200 Seiten, DIN A4,
kartoniert
Best.-Nr. **3982**

2. Klasse
Band 1
164 Seiten, DIN A4,
kartoniert
Best.-Nr. **3934**
Band 2
171 Seiten, DIN A4,
kartoniert
Best.-Nr. **3935**

3. Klasse
Band 1
Ca. 150 Seiten, DIN A4,
kartoniert
Best.-Nr. **3936**
Band 2
164 Seiten, DIN A4,
kartoniert
Best.-Nr. **3937**

4. Klasse
Band 1
Ca. 150 Seiten, DIN A4,
kartoniert
Best.-Nr. **3938**
Band 2
Ca. 150 Seiten, DIN A4,
kartoniert
Best.-Nr. **3939**

Individualisierung, Handlungsorientierung und **Lernen in Zusammenhängen** sind hier oberstes Gebot. Der systematische Aufbau des Lehrgangs und die zahlreichen kreativen Anregungen der „Ideenbörse" erleichtern Ihnen die Unterrichtsvorbereitung erheblich. Eine besondere Hilfe sind auch die vielseitigen Vorschläge zum freien Schreiben mit der Anlauttabelle.

Bergedorfer® Grundschulpraxis – Mathematik

1. Klasse
Band 1
104 Seiten, DIN A4,
kartoniert
Best.-Nr. **3958**
Band 2
Ca. 100 Seiten, DIN A4,
kartoniert
Best.-Nr. **3959**

2. Klasse
Band 1
126 Seiten, DIN A4,
kartoniert
Best.-Nr. **3960**
Band 2
130 Seiten, DIN A4,
kartoniert
Best.-Nr. **3961**

3. Klasse
Band 1
Ca. 100 Seiten, DIN A4,
kartoniert
Best.-Nr. **3962**
Band 2
Ca. 100 Seiten, DIN A4,
kartoniert
Best.-Nr. **3963**

4. Klasse
Band 1
Ca. 100 Seiten, DIN A4,
kartoniert
Best.-Nr. **3964**
Band 2
Ca. 100 Seiten, DIN A4,
kartoniert
Best.-Nr. **3965**

Lebendiger Mathematikunterricht von Anfang an!
Diese Unterrichtshilfen machen die Kinder neugierig auf mathematische Zusammenhänge durch **kindgemäße, differenzierende Aufgaben**. Die übersichtlich strukturierten Seiten enthalten alle relevanten Lerninhalte für den Unterricht in der Grundschule. Sofort einsetzbare Kopiervorlagen und Kommentare erleichtern die Unterrichtsvorbereitung. Die Materialien sind unabhängig vom eingeführten Schulbuch einsetzbar.

Bergedorfer® Grundschulpraxis – Englisch

3. Klasse
Band 1
136 Seiten, DIN A4,
kartoniert
Best.-Nr. **3954**

Foliensatz 1
10 Folien, DIN A4,
vierfarbig
Best.-Nr. **3985**

Band 2
156 Seiten, DIN A4,
kartoniert
Best.-Nr. **3955**

Foliensatz 2
16 Folien, DIN A4,
vierfarbig
Best.-Nr. **3986**

CD 1 mit Liedern und Reimen für die 3. Klasse
Best.-Nr. **3989**

4. Klasse
Band 1
147 Seiten, DIN A4,
kartoniert
Best.-Nr. **3956**

Foliensatz 3
16 Folien, DIN A4,
vierfarbig
Best.-Nr. **3987**

Band 2
142 Seiten, DIN A4,
kartoniert
Best.-Nr. **3957**

Foliensatz 4
14 Folien, DIN A4,
vierfarbig
Best.-Nr. **3988**

CD 2 mit Liedern und Gedichten für die 4. Klasse
Best.-Nr. **3990**

Zu Hause hier und dort – Jeden Tag und jedes Jahr – Lernen, arbeiten, freie Zeit – Durch die Zeiten – Eine Welt für alle – Auf den Flügeln der Fantasie: Diese sechs **Erfahrungsfelder** bilden den Ausgangspunkt für den gemeinsamen Erlebnisrahmen der Schülerinnen und Schüler. Arbeitsblätter, Lieder, Reime und Spiele sind im Handumdrehen einsatzbereit. Die Unterrichtssequenzen liefern **praktische Anregungen** zum Unterrichtsaufbau und einfaches englisches Sprachmaterial.

Bestens vorbereitet in allen Fächern der Grundschule!

Bergedorfer® Grundschulpraxis – Sachunterricht

1./2. Klasse
Natur und Leben
172 Seiten, DIN A4, kartoniert
Best.-Nr. **3940**

Technik und Arbeitswelt
Ca. 100 Seiten, DIN A4, kartoniert
Best.-Nr. **3941**

Raum und Umwelt
Ca. 100 Seiten, DIN A4, kartoniert
Best.-Nr. **3942**

Mensch und Gemeinschaft
Ca. 100 Seiten, DIN A4, kartoniert
Best.-Nr. **3943**

Zeit und Kultur
Ca. 100 Seiten, DIN A4, kartoniert
Best.-Nr. **3944**

3./4. Klasse
Natur und Leben
220 Seiten, DIN A4, kartoniert
Best.-Nr. **3945**

Technik und Arbeitswelt
Ca. 100 Seiten, DIN A4, kartoniert
Best.-Nr. **3946**

Raum und Umwelt
Ca. 100 Seiten, DIN A4, kartoniert
Best.-Nr. **3947**

Mensch und Gemeinschaft
Ca. 100 Seiten, DIN A4, kartoniert
Best.-Nr. **3948**

Zeit und Kultur
Ca. 100 Seiten, DIN A4, kartoniert
Best.-Nr. **3949**

Forschend-entdeckendes Lernen und Arbeiten im Sachunterricht! Dieses umfassende, vielfältige sowie kindgemäße Materialangebot ermöglicht auch ohne Schulbuch einen auf die **aktuellen didaktischen Erkenntnisse** genau abgestimmten Sachunterricht. Jedes Thema bzw. jeder Aufgabenschwerpunkt wird anhand eines didaktisch-methodischen Kommentars entfaltet. Die benötigten Materialien werden im Anschluss daran gleich mitgeliefert. Versuchsbeschreibungen, die als Karteikarten angelegt sind, regen zum Experimentieren und Entdecken an.

Bergedorfer® Grundschulpraxis – Religion

1. Klasse
Buch
172 Seiten, DIN A4, kartoniert
Best.-Nr. **3950**

CD
68 Min. Spielzeit
Best.-Nr. **3974**

Foliensatz
13 Folien, DIN A5
Best.-Nr. **3975**

2. Klasse
Buch
218 Seiten, DIN A4, kartoniert
Best.-Nr. **3951**

CD
Ca. 65 Min. Spielzeit
Best.-Nr. **3976**

Foliensatz
14 Farbfolien, DIN A5
Best.-Nr. **3977**

3. Klasse
Buch
Ca. 160 Seiten, DIN A4, kartoniert
Best.-Nr. **3952**

CD
Ca. 65 Min. Spielzeit
Best.-Nr. **3978**

Foliensatz
Ca. 15 Folien, DIN A5
Best.-Nr. **3979**

4. Klasse
Buch
Ca. 160 Seiten, DIN A4, kartoniert
Best.-Nr. **3953**

CD
Ca. 65 Min. Spielzeit
Best.-Nr. **3980**

Foliensatz
Ca. 15 Folien, DIN A5
Best.-Nr. **3981**

Umfassende Materialien für abwechslungsreiche Stunden, die alle relevanten Themen abdecken! Für jedes Thema liefern die Bände **fundierte theologisch-didaktische Kommentare** und für die einzelnen Unterrichtseinheiten **praxiserprobte Bausteine**. Alle Sequenzen werden in übersichtliche Unterrichtsschritte aufgeteilt und enthalten die benötigten Materialien und Kopiervorlagen für die Unterrichtsgestaltung. Hier wird der Religionsunterricht zu einem ganzheitlichen Erlebnis.

Bergedorfer® Grundschulpraxis – Sport

1./2. Klasse
Band 1
139 Seiten, DIN A4, kartoniert
Best.-Nr. **3918**

Band 2
160 Seiten, DIN A4, kartoniert
Best.-Nr. **3919**

Begleit-CD
60 Minuten Spieldauer
Best.-Nr. **3922**

3./4. Klasse
Band 1
120 Seiten, DIN A4, kartoniert
Best.-Nr. **3920**

Band 2
186 Seiten, DIN A4, kartoniert
Best.-Nr. **3921**

Begleit-CD
Ca. 60 Minuten Spieldauer
Best.-Nr. **3923**

Mit wenig Vorbereitungsaufwand fantasievoll und erlebnisorientiert Sport unterrichten! Dazu bieten diese Bände tolle themengeleitete Sportstunden mit **originellen Spielideen** und **effektiven Übungen**, kompakte Angebote für alle Bereiche des Sportunterrichts (auf zwei Bände verteilt) sowie **Begleit-CDs**, die alle Lieder und Stücke für den Bereich Gymnastik/Tanz enthalten, aber auch Musik zum schnellen oder ausdauernden Laufen, Zirkusmusik, Entspannungsmusik und Geräusche zum auditiven Einstieg in Fantasiesituationen.

Bergedorfer® Grundschulpraxis – alle Bände im Überblick

Bergedorfer® Grundschulpraxis – alle Bände im Überblick

Die Reihe für die kreative Unterrichtsgestaltung in der Grundschule!

Bergedorfer® Grundschulpraxis – Musik

1. Klasse
Buch
184 Seiten, davon
4 vierfarbig, DIN A4,
kartoniert
Best.-Nr. **3924**

Doppel-CD
Ca. 120 Minuten
Spieldauer
Best.-Nr. **3925**

2. Klasse
Buch
Ca. 150 Seiten, davon
ca. 32 vierfarbig,
DIN A4, kartoniert
Best.-Nr. **3926**

CD
Ca. 60 Minuten
Spieldauer
Best.-Nr. **3927**

3. Klasse
Buch
Ca. 150 Seiten, davon
ca. 32 vierfarbig,
DIN A4, kartoniert
Best.-Nr. **3928**

CD
Ca. 60 Minuten
Spieldauer
Best.-Nr. **3929**

4. Klasse
Buch
Ca. 150 Seiten, davon
ca. 32 vierfarbig,
DIN A4, kartoniert
Best.-Nr. **3930**

CD
Ca. 60 Minuten
Spieldauer
Best.-Nr. **3931**

Übersichtliche Stundenbilder erleichtern die Unterrichtsvorbereitung durch **konkrete Erarbeitungs- und Organisationshinweise**, kompakte Hintergrundinformationen über Lieder, Musikstücke, Komponisten und Instrumente sowie Materialien, Kopiervorlagen und Begleit-CDs.

Bergedorfer® Grundschulpraxis – Kunst

1./2. Klasse
Band 1
Buch
122 Seiten, DIN A4,
kartoniert, vierfarbig
Best.-Nr. **3966**

Foliensatz
18 Farbfolien, DIN A5
Best.-Nr. **3970**

Band 2
Buch
Ca. 100 Seiten, DIN A4,
kartoniert, vierfarbig
Best.-Nr. **3967**

Foliensatz
Ca. 15 Farbfolien, DIN A5
Best.-Nr. **3971**

3./4. Klasse
Band 1
Buch
136 Seiten, DIN A4,
kartoniert, vierfarbig
Best.-Nr. **3968**

Foliensatz
18 Farbfolien, DIN A5
Best.-Nr. **3972**

Band 2
Buch
Ca. 100 Seiten, DIN A4,
kartoniert, vierfarbig
Best.-Nr. **3969**

Foliensatz
Ca. 15 Farbfolien, DIN A5
Best.-Nr. **3973**

Dieses umfassende, kindgemäße Materialangebot bietet präzise Anregungen für den Unterrichtsablauf. Alle strukturiert aufgebauten Unterrichtsreihen beinhalten in sich **abgeschlossene Unterrichtssequenzen**, die das Thema auf unterschiedliche Weise betrachten.

Bestellcoupon

Ja, bitte senden Sie mir/uns mit Rechnung

____ Expl. _____ Best.-Nr. _____
____ Expl. _____ Best.-Nr. _____
____ Expl. _____ Best.-Nr. _____
____ Expl. _____ Best.-Nr. _____
____ Expl. _____ Best.-Nr. _____
____ Expl. _____ Best.-Nr. _____
____ Expl. _____ Best.-Nr. _____

Bestellen Sie bequem direkt bei uns!
Telefon: 0 41 63 / 81 40 40, Fax: 0 41 63 / 81 40 50

Hier erfahren Sie auch die aktuellen Erscheinungstermine der Bände (Mo.–Fr. 8.00–16.00 Uhr).

Bitte kopieren und einsenden an:

**Persen Verlag GmbH
Postfach 260
D-21637 Horneburg**

Meine Anschrift lautet:

_____
Name/Vorname

_____
Straße

_____
PLZ/Ort

_____
E-Mail

_____
Datum/Unterschrift